U0585357

第三个春天

DISANGE CHUNTIAN

——中国农业的合作之路

李乾元◎著

人民出版社

家庭联产承包经营为我国农业发展作出过历史性贡献，但时至今日其优势正逐渐减弱。我国农业发展的出路在于适应社会主义市场经济发展的要求，调整和改变与生产力水平不相适应的生产关系。

　　合作经济组织是我国农业发展的方向，是推动农业规模化、集约化、产业化经营的有效组织形式。当前，发展合作经济组织，实现由传统农业向现代农业转变的条件已基本形成。

　　合作化的发展不仅需要广大农民的创造参与，更需要各级政府的大力扶持和全社会的共同努力。

——作者语

目　　录

序　言

　　和乾元同志的相识是从他卸任兰州军区司令员，改任全国人大常委、农业与农村委员会副主任委员开始的。作为一位有着50多年军龄的军队高级将领，他有着敏锐的洞察力和务实的作风，无论是政治、经济还是军事、外交工作都有独到的见解。在与他共事的四年多时间里，我感到，他虽没有从事过经济工作，但他进入情况快，在历次的重大讨论和决策中都有不俗的表现。他还利用闲暇时间先后研究撰写了《不能愧对农民工》、《合作化是我国农业发展的方向》等研究报告和《西进战略》一书，积极为国家的发展建言献策。在他身上，我看到的是一位具有坚定政治信念、丰富实践经验和很高领导才能的优秀干部；是一位善于学习、勤于思考、文武兼备的优秀人才；是一位心系百姓、忧国忧民、身体力行的优秀领导。著名诗人艾青在《我爱这土地》中写道："为什么我的眼里常含泪水？因为我对这土地爱得深沉。"我想，乾元同志正是有着"对这土地深沉的爱"，才有着笔耕不辍的条条建

1

议和篇篇报告的出炉。

《第三个春天——中国农业的合作之路》是乾元同志继《西进战略》后的又一部新作。该书全景式地回顾了我国农业发展的曲折道路和艰辛历程，系统分析了当前我国农业面临的现实问题，提出了合作化是我国农业发展的方向，并对政府在合作化发展上需要做的工作提出了可行性建议。全书以时间为脉络，以事实为基础，梳理出了今后一个时期中国农业发展的新思路，对于指导今后一个时期农业的发展具有很好的借鉴意义，是一本值得阅读的著作。

世界农业发展的历史表明，农业发展需要三个方面的支撑：产权、技术和组织。自 20 世纪 80 年代至 90 年代中期，无论是家庭联产承包责任制对土地产权的解决，还是科教兴国战略在农村的具体实施，都有效地促进了农业经济的增长。目前我国的农业正处在由计划经济向市场经济转型的过程中，培育和完善有效率的农业组织体系，提高农业的组织化程度，从个体农民到组织形式合作化，是提高农民收入，实现农业转型，建设现代化农业的必然要求和现实选择。《第三个春天——中国农业的合作之路》一书的出版，必将为我国今后的农业合作化发展提供有益的参考和借鉴。

王云龙

2011 年 6 月 18 日

导　语

　　农业是一个古老的产业，在人类社会发展的历史进程中，农业始终发挥着举足轻重的作用。每一次的社会变革，引领政治、经济发展的是农业，成就惊天伟业的基础也是农业。农业是人类赖以生存、发展和繁荣的基础，一个国家、一个时代兴也在农业、衰也在农业。

　　农业生产有其自身的规律，当生产力与生产关系相适应时，农业发展就会处于黄金时期，反之，农业发展就会停滞不前，甚至倒退。生产力始终伴随着生产关系的改变而不断发展，生产关系的改变又反作用于生产力，推动着生产力的进步。

　　纵观世界历史，农业为国家的强盛和崛起发挥了决定性作用。英国因战争确立了关税自主权，获得红茶生产地位并垄断市场，取得高额利润，奠定了强国基础。美国以南北战争结束了奴隶制度，大大解放了生产力，到第一次世界大战，欧洲的农业生产一度崩溃，美国借此机会向欧洲大量出口农产品，积累了雄厚资本，实现了向工业化的过渡。而后，通过农产品和工业制品两方面出口，一跃成为世界经济大国。进入 21 世纪，又采取与过去截然不同的大规模生产、大规模出口的经营模式，将工业技术运用于农业生产，控制了世界的粮食市场。

刀耕火种的原始农业

我国是世界上历史最悠久的农业大国之一。早在距今七八千年前的新石器时代，原始农业就已经达到一定水平，形成了黄河流域的旱地农业、长江流域的水田农业，以及西北部、北部和边远地区的畜牧业等不同特点的区域农业格局。在以后的农业发展中，尤其是从原始农业进入耕作农业以后，广大农民发明创造了许多灿烂辉煌的农业技术，形成了适应于各地的精耕细作制度，为世界农业的发展作出了重要贡献。在栽培植物方面，20 世纪 80 年代，世界上栽培的约 1200 种植物中有 200 多种直接发源于中国；在农具方面，汉代先进的播种工具耧车和唐代完善的曲辕铁壁犁 18 世纪传入欧洲，对世界犁的发展和农业革命产生过重大影响；在土地利用方面，从西周以前的生荒农作制，经春秋时的熟荒农作制，到战国时的连作制，把耕地利用率提高到 100%，以后进一步发展到复种轮作制，其中有一年二熟制，二年三熟制和一年三熟制，土地利用率最高达300%，被称为世界最惊人的变革之一。社会上极为流行的搭套、合具、换工、帮忙、役畜等农耕结合习惯和农业技术的发展，使中国粮食产量达到了当时世界的高水平，清代许多地区亩产可达 280 斤，最高达 700—800 斤。

楼车模型

1840 年鸦片战争以后，中国沦为半殖民地半封建社会。帝国主义侵略和沉重的封建剥削使我国的农业发展严重受阻，耕地很少增加，农具鲜有改进，许多地方水利失修，

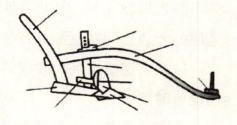

发明于唐代的曲辕犁

农业生产发展缓慢，农民生活极度贫困。

新中国成立后，我国的农业在曲折中不断发展进步。新中国成立前后开展的土地改革，宣告了中国半殖民地半封建社会历史的彻底结束，实现了农民"耕者有其田"的梦想，迅速恢复和发展了农业生产。但随后发生的农业

合作化运动、"大跃进"和人民公社运动，超现实的生产关系跃进给我国的农业生产带来了巨大的损失，20多年的时间里，我国的农业基本处于停滞不前的状态。

改革开放以后，从农民自发的包产到户到全面推进家庭联产承包责任制，适应了当时生产力发展水平，为农业发展带来了勃勃生机，农村经济迅速得以恢复，人民的生产生活条件得到明显改善。特别是进入21世纪以来，实行重点粮食品种最低收购价，实施了划时代意义的免除农业税政策，农民人均减赋140元左右，2008年又出台了重点农产品税收优惠政策以及对粮食大县实施奖励等，极大地促进了农业生产和农村的全面发展。但随着市场经济的不断发展和完善，其自身所固有的与社会化大生产不相适应的矛盾和问题逐渐显现，影响和制约了我国农业的深入、持续、健康发展，我国的农业发展正面临着一个重要的变革时期。

合作社不是一个新事物，早在17世纪，合作组织就已经在世界上出现。我国的合作组织最早出现于20世纪10年代末，在将近一个世纪的时间里，我们对合作经济的研究和探索从未停止，合作经济始终伴随着农业的发展蹒跚前行。无论是50年代的互助组、合作社、高级社，还是六七十年代的人民公社，都是将合作化作为农业生产的有效组织形式，通过合作达到提高农业组织化程度、推进农业产业化生产、促进农业现代化发展的目标。在这中间由于"左"倾思想的影响，违背生产关系受生产力发展水平制约的规律和农业生产的特点，把农民私有的土地及其他生产资料强制划归集体所有，收回了农民的土地所有权、自主经营权和对农产品的支配权，极大地挫伤了农民的生产积极性，致使合作化走入歧途，阻碍了农业生产发展。

1923 年 2 月 7 日中国工人阶级最早的经济组织
安源路矿工人消费合作社正式成立

改革开放后，特别是进入 80 年代末 90 年代初，家庭联产承包责任制所形成的激励作用逐步减弱，各种形式的农业合作经济组织又开始在广大农村出现，这些农业合作经济组织是广大农民为谋求进一步发展和适应市场经济体

制而自发进行的一种新制度探索，展现了中国农民自立自强的创造精神，对于推进农业规模化、产业化、集约化生

新疆博乐规模化种植的棉田

产，提高农民收入，都产生了积极的影响。从趋势上看，合作化在带动"小农"经济向"大农"经济转变的同时，这种独立的市场主体或者服务型主体也将成为推动我国社会转型，走向现代社会的新动力，成为我国农业发展的方向。但是从目前情况看，我国的农民组织化程度还比较低，合作经济组织的运行机制还不够完善，因此，如何鼓励扶持农民合作经济组织发展，完善政策制度体系，创新农业生产社会服务保障，已经成为我国农业发展的关键。

本书试图通过对农业的历史发展，特别是新中国成立以后农业所走过的艰辛历程的回顾，以科学发展观为指

导，以生产力和生产关系的辩证关系为理论依据，总结提出合作经济组织是今后一个时期我国农业、农民步入的一个新的春天，是我国农业生产的发展方向，并就如何进一步完善合作经济组织的运行机制提出自己的认识和看法。作者本身虽出自农家，与农民、农业有一定的接触，但毕竟不是所从事的专业，加之农业问题涉及的方面很多，文中观点难免有失偏颇，许多问题还有待于进一步研究探讨，希望更多关心农业、农村和农民问题的有识之士批评指导，共同为我国的农业进步振臂而呼，为我国的农业发展作出自己的贡献。

第一章 大国之基

　　自秦统一中国以来，我国一直是个大国，这种大国地位的取得很大程度上缘于历朝历代统治阶级对农业的重视。几千年来，他们始终把农业作为安天下的战略产业，发挥农业在国家安全和发展全局中的决定性作用，采取多种手段，促进农业发展，推动社会进步，巩固和发展国富民强的大国之路。

　　炎帝教民农作，则始农业；秦国商鞅变法奖励耕田织帛，对于生产粮食多的农民可以免除徭役，为秦国成为六国中强国奠定了经济基础；西汉初年从汉高祖到"文景之治"，都采取休养生息政策，减轻田租，使小农经济得到恢复，对后来汉武帝北击匈奴起了很大作用；唐代前期，统治者重视农业，鼓励垦荒，农业生产发展迅速，以致后来出现了贞观之治和开元盛世的繁荣景象；元世祖专门的农业管理机构，组织编写《农桑辑要》，指导农业生产，禁止毁农田为牧地，招募流民屯田，兴修水利，为元朝北方农业恢复奠定了基础；明清时期，激励奖励垦荒，耕地数量显著增加。18世纪中期，我国的农业生产占世界总产值的24%，手工业总产值占32%，始终处于领先地位，不仅养活了更多人口，也为国家创造了大量财政收入，积累了雄厚国力，使我国能够长期屹立于世界大国之林。

鸦片战争后，由于帝国主义的侵略和封建势力的剥削压迫，使得中国逐步沦为半封建半殖民地社会，战乱不止，综合国力持续下降，人民生活在水深火热之中。一批批爱国人士为了寻求救国、强国之路，苦苦探索；一批

《农桑辑要》孤本

批有识之士直言陈谏，被撤职流放。但是，无论是清政府发起的"洋务运动"，还是以康有为、梁启超为首的改良主义者发起的"戊戌变法"，以及后来的中华民国，都没有改变中国积贫积弱的现状，其根本原因，就是忽视了中国以农业为本的现实。

中国共产党创立不久，就把革命重心由城市转移到农村，建立根据地，坚持农村包围城市，开创了一条中国特色的革命道路。在此后的20多年间，中国共产党始终坚持在农村奋斗，实施土地改革、建立农村政权、发展农业经济、动员广大农民参军参战，从而夺取了政权，建立了

新中国。

回顾历史，中国在世界农业经济发展史上曾独领风骚。我们较早推行的以农业为本的精耕细作的生产方式，也是当时世界上最先进、最强势的生产方式。通过这种方式，不仅养活了更多的人口，积累了大量的土地财富和资源优势，而且促进了根植于农业之上的文明和科学文化的极大发展，诸子百家竞相争鸣，四大发明也相继问世。那个时候，我们人多、地多、粮多、兵多，国家的政治、经济、军事和文化实力俱强，遥遥领先于其他国家和地区，一直是亚洲和世界的政治、经济和文化中心。

纵观我国农业发展的历史可以看出，农业的兴衰影响着社会经济发展的程度，成为国家兴衰的晴雨表，"农业兴则国家兴，农业衰则国家衰"。农业不仅为人类提供了食物，还为社会发展提供了强大的物质基础，同时也催生了以农业文化为主体的华夏文明，深刻地影响着中国的政治、经济和社会发展的各个方面。

农业文化构成了中国传统文化的底色

农业文化是指在农业生产实践活动中所创造出来的与农业有关的物质文化和精神文化的总和。其内容既包括天、地、人相统一的农业哲学思想，也包括"以农为本"的政治思想；既包括传统农耕信仰、民间文学艺术、农事节日习俗等非物质文化，也包括农业耕作技术和农业生产经验、农业生产工具、生产制度、农业品种等物质文化。农业文化不仅影响着农业生产方式，也影响着人们的社会生活

年画是农村民间艺术的一朵奇葩

方式，在长期的历史积淀过程中，形成的丰富的农业文化是我们宝贵的精神和物质财富。

农业文化的核心是"和谐"

中国文化被称为"乡土文化"或"五谷文化"，在这种文化中，人是整个生态平衡里的一环，人从土里生，食物取之于土，泄物还之于土，一生结束，又回到土地，一代又一代，周而复始。因此，中国的农业不是与土地对立的农业，而是与土地协和的农业，由此产生的农业文化则把"和谐"作为其核心理念和根本精神。

"和谐"两字在《尚书》、《周礼》和《说文解字》中，都是指音乐的合拍与禾苗的成长，"和"即是"谐"，"谐"即是"和"，引申表示为各种事物有条不紊、井然有序和相互协调，即《中庸》里说的"致中和，天地位焉，万物育焉"和《周礼》中说的"以和邦国，以统百官，以谐万民"。

在中国传统农业文化思想里，关于建立和谐社会的思想非常丰富。它们集中体现在人与自然、人与人、人与社会、国家与国家的相互关系上，强调人要主动适应自然、适应他人、适应社会。

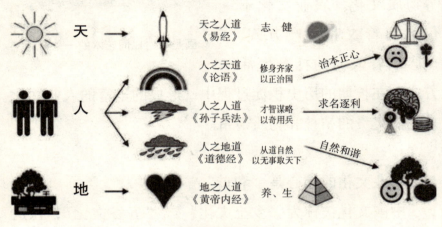

中国古典哲学

在人与环境的关系上，尊重自然规律、崇尚"天人合一"，讲求人与自然和谐共生思想。古人很早就认识到，只有将农业生产中的天、地、人三个基本要素合理的结合与统一，才能保证五谷丰登。

在人际导向上，尊祖宗、尚礼仪，强调"以和为贵"，人与人和衷共济。谋求人际关系的和谐发展是中国文化的一大特质，是中国历来理想的为政之道，"和"的终极目标是建设大同社会的远景理想。

在价值观问题上，注重家庭本位、重义轻利，讲求

"欲而不贪"，即身与心平和恬淡。儒家和谐社会的理想是建立在个人道德修养提高的基础上，主张人之身心和谐，保持平和、恬淡的心态，正确处理物与欲的关系。

清明祭祀黄帝

在外交政治上，主张和谐共处，协和万邦，即国与国和平共处。在民族与民族、国家与国家的关系上，传统农业文化主张以文德感化外邦，反对轻率地诉诸武力。此外，还表现在人生态度上，强调讲求务实、进取有为的精神；在对待职业的地位上，以农为本，轻视工商，等等。

在中华文明的历史进程中，中国传统农业文化中的和谐思想对于维护社会稳定、增强民族凝聚力，起到了不可或缺的重要作用。在漫长的封建社会里，中华民族能够长时期保持大国地位，雄立于世界之林，与我国传统农业文化追求从协调中达到和谐，重视对立的而非对抗性的融合，强调整体性，既承认一分为二，也注重合二为一，追求在安定中的和谐发展等思想是密不可分的。

农业文化塑造了国民性格

中国是农民大国，从某种意义上说，中国人都具有浓厚的农民情结和根深蒂固的农民意识。在对国民性格的研究中，有着不同的认识和看法，如：孙中山认为中国人勤劳、和平、守旧、恒守古法、不思变通、不敢为主人、停滞不前等；鲁迅认为中国人狭隘、守旧、愚昧、麻木等；梁漱溟则认为中国人私德、安分知足、缺乏集体生活、伦理本位等；林语堂概括为中国人保守、忍耐、平和消极、知足常乐、消极避世、历循守旧、家庭意识、家庭荣誉感等。

杨国枢、李亦园主编的《中国人的性格》中更是完整地讨论了中国人的性格，在编辑荐语中写道："勤俭、刚毅、孝悌、变通、耻感文化、家庭主义、笃信风水、明哲保身、好面子、好利性……几千年延续下来的这些性格特征已深深植入中国人的价值系统，在与现代文明的斡旋中，形成了一套看似充满了矛盾和悖论的游戏规则。"这些论述，处处闪动着农民的身影，既有着现代人眼中的优点，例如他们的平和、忍耐、家庭本位、伦理本位，这都是都市精神所缺失的；也有一些被人痛恨的：愚昧、麻木、私德、保守、消极。

这些国民性格的农业特性，使得国人在社会行为中，重伦理、重感情，习惯于用攀亲戚、拉关系，请客送礼等方式解决问题，也就出现了有法不依、执法不严，甚至于徇私枉法；在经济行为中，安于现状，不求利益最大化，只求代价最小化，一旦生活达到某一水平后就安分知足，不思进取；在政治行为中，秉持"忍耐"这一处世哲学，在没有掌握权力时，对权力既爱又怕，对位高者的腐败与无情痛恨异常，一旦拥有权力，又有可能滥用手中的权力，让自己成为被自己诅

咒的人。优点也好，缺点也罢，这些根植于国民血脉中的特性决定了国人的行为方式，并对社会生活产生了巨大的影响。

农业文化使农业生产制度与自然周期融为一体

农作物的生长周期决定了生产活动的时序安排，也是中国人岁时观念形成的依据。据考证，岁时的起源与农事活动关系密切。"岁"在甲骨文中已出现，其字形像一把石斧，是一种收获农作物的工具，当时是一年一熟制。收获之后，人们要杀牲祭神，"岁"成为一种祭祀名称。这种一年一度的祭祀庆祝活动，将时间分成了不同的段落。因此，岁收之"岁"与岁祭之"岁"就逐渐成为特定的时间段落标记，岁也就转变为年岁之岁。与之相关的"年"，同样起源于农作物的生长周期。"年，谷熟也"，

其内在的含义依然是以作物生长、成熟为时间段落的标志。"时"在甲骨文中也已出现，在上古时期，作为节候之"时"的划分只有春、秋二时。从谋生活动看，人们在采集与农作经济的生活形态下，产生一年两季的时节划分，春、秋的古字形义都与植物或农作物相关，植物的春生秋杀，农作物的春种秋收，强化了人们的时间和季节观念。由此可见，通过空间的物候变化，把握时间的自然流动，是上古岁时发生的重要途径。至春秋战国时代，我国的历法趋于完善，四时八节、岁元、朔、望等逐步确定。由于节气的准确与否与农业的成败、作物的丰歉息息相关，对于以自然经济、小农生产方式为主体

甲骨文、金文的"年"字
像一个人背负稻禾的形状

的古代农业社会而言，顺应自然时序，调整好人与自然的关系就是关乎社会稳定、国家盛衰的头等大事。因此，每逢重要的节令都要举行农耕示范仪式和庆典活动。作为礼俗规范，这既是国家推行的农政管理措施，也是传统民俗节日的源头。

发轫于春秋战国时期，完备于汉代的二十四节气，是

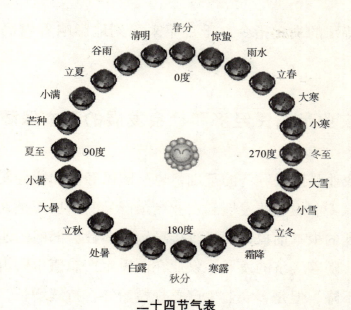

二十四节气表

古代天文学、气象学与农业生产实践的成功结合，两千多年来一直是最为重要的农事指南。二十四节气的节律就是春种、夏锄、秋收、冬藏的农耕文化周期，与之相应的农事活动习惯正是在这年复一年、周而复始的运转中自然地延展。乡村的土地制度、水利制度、集镇制度、祭祀制度，都是依据这一周期创立，并为民众自觉遵循的生活模式。农民依照二十四节气的变化来安排生活，指导农业生产。因此，民间素有"不懂二十四节气，白把种子种下地"的说法。北方农村的"打春阳气转，雨水沿河边"、"清明忙种麦，谷雨种大田"、"清明麻、谷雨花、立夏点豆种芝麻"，等等，就是农民不违农时、信守农耕作业习惯的形象表达。这些至今仍广为流传的民谚，作为

17

一种特殊的文化指令，千百年来深刻地影响着农民的日常生活。

农业是国民经济和社会发展的基本保障

农业是国民经济的基础，也是国民经济和社会发展的基本保障。农业的发展和农业剩余产品的增加，是人类社会发展的根本前提，而且直接导致更多社会部门的建立和扩张。随着经济的发展，农业在国民生产总值中所占比重不断下降，但是，农业生产总规模始终在持续增长，农业仍然是现代社会中重要的经济部门之一，具有不可替代的作用。

"民以食为天"，饮食是人类生存的第一需要，从人类起源开始至今，就一直从农业中获取食物。即使在未来，人类能够利用生物工程与环境控制等新技术，在工厂中培养绿色细胞，进行光合作用以获得食物，也不会有脱离生物、脱离农业。而且经济多样化的程度和发展速度取决于国内食物生产者所生产的超过自身需要的剩余食物。

对于发展中国家来说，对食物日益增长的需求只能靠本国农业增长来满足。事实上，没有本国农业的持续增长，发展中国家将因为缺乏食物而无法推进工业化和现代化的进程。对于发达国家来说，如美国、法国、加拿大等，由于粮食是出口的重要商品，农业也始终处于重要的地位。据联合国有关机构预测，2000—2030 年期间，世界人口将增加 27 亿，年均增加近 9000 万人，超过 1950—1990 年年均增加 7000 万人的水平。而世界农产品总产量的增长率仅为 1.8%，粮食安全日益成为世界各国高度重视的问题。

作为人口大国，食物安全特别是粮食安全在我国不仅是重大的经济问题，更是重大的政治问题。据测算，国内粮食总消费，2020 年将达到 5650 亿公斤。我国粮食综合生产能力与此相比还有较大差距，即使我国粮食综合生产能力得到提高，粮食产量 2020 年达到 5250 亿公斤的水平，粮食仍供不足需。我国粮食自给率近期力争保持在 95% 左右，中长期会略低于 95% 的水平，缺口靠适当进口来弥补。

我国既是粮食生产大国又是粮食消费大国，全国粮食消费总量占全球粮食贸易量的一半左右，我国粮食进出口增减 1 个百分点，将会影响全球粮食贸易量 2 个百分点。同时随着生活水平的提高，对养殖产品的需求日益增加。据《全国农业和农村经济发展第十一个五年规划》，2006—2010 年肉类年递增率为 1.6%、蛋类为 0.8%、奶类为 8%、水产品为 3.3%。2010—2020 年主要养殖产品总量稳定增加，养殖业产值在农业产值中的比重继续提高。可见，粮食和食物安全问题将是长期关系我国经济社会发展全局的重大问题。

1990—2006 年全球分地区粮食自给率变化情况

单位:%

自给率	初 5 年平均	末 5 年平均	变化
大洋洲	298.2	231.4	-66.8
北美洲	139.5	128.3	-11.2
中南美洲	99.3	116.7	17.4
前苏联 12 国	84.3	115.0	30.7
中国	99.8	96.2	-3.6
欧洲（前苏联 12 国除外）	100.3	93.7	-6.7
亚洲（中国除外）	86.4	87.6	1.2
撒哈拉以南非洲	82.3	75.3	-6.9
北部非洲	51.9	51.8	-0.2

提供原料保障

农业不仅为工业劳动者提供食物，而且农业与工业具有不可分离的物质交流关系，农业可以为许多工业提供原料。农业的产后工业，如食品工业、棉纺工业、毛纺工业、丝绸工业、造纸工业、木材工业、香烟工业、香料工业、制糖工业、生物制品工业、服装工业、造船工业、家具工业、化妆品工业、建筑工业等的原料，只能来自农业或主要来自农业。

近年来，随着社会经济的发展，农业呈现出向提供能源物资与化工原料物资发展的趋向。农业供应原料的能力在相当程度上制约着各国工业的发展速度。发展中国家工业化的进程中迫切需要工业品市场的迅速扩张，但一时又难以与发达国家在世界市场上竞争；而发展中国家的主要生产部门是农业，农业人口占全国总人口的多数，因而农业和农村市场的发展在很大程度上制约着整个经济的增长。

改革开放以来，随着我国国内农产品加工能力日益扩大，对农产品原料的需求也日益增加，并形成国内农产品原料供给能力明显不足而需要通过大量进口予以弥补的格局，这也充分说明了农业为工业生产提供原料的重要性。如2008—2010年我国大豆进口量分别为3743.6万、4255.2万吨和5480万吨，三年增长了近50%。由于农产品进口增长迅速，致使我国农产品贸易由多年的净出口变为净进口，国家农业部公布的数据显示，2010年1—7月，我国累计农产品进出口总额为653.1亿美元，同比增长29.1%。其中，出口261.3亿美元，增长22.9%；进口391.8亿美元，增长33.6%；贸易逆差高达130.5亿美元，扩大了61.9%。

在发达国家，农业为相关工业的发展提供了充足的产品原料，农产品加工业加工率达到90%。美国的食品、医药、化工、造纸、编织、建材等工业有不少是小麦产品的下游市场。通过对玉米的深加工可生产2000多种产品，广泛应用在食品、化工、发酵、医药、纺织、造纸等工业领域。在欧美、日本等国家90%以上的蔬菜成为加工原料，在法、美、英等国家，马铃薯的加工率分别达到48%、40%和40%。

在农业和农民数量占绝对规模的国家，农业和农村必然是国内工业品的主要市场，农民用于工业品的支出，通过化肥、农机及房屋建筑材料等生产资料消费以及衣物、家庭用品等生活资料消费，对国民经济发展提供了市场贡献。我国农村人口众多，农业和农村对工业品的国内市场贡献是巨大的。中国农村发展问题研究组对 1979—1984 年国民经济增长的主要动力的分析表明：农业发展与国民经济发展有着密切的市场逻辑关系。1979—1984 年农业总产值年递增 7.7%，农民人均纯收入年递增 16.5%，成为国内市场扩张的主要动因。在 1978—1984 年新增加的 1798 亿元社会商品零售额中，约有 2/3 来自农民的消费。旺盛的市场需求，又刺激了工业品生产，同期全国工业总产值年均增长 9.6%。据此测算，1979—1983 年所增加的社会总产值中，用于消费增长的贡献为 79%，用于积累增长的贡献为 21%。综合测算，农民消费和积累增长对国民经济贡献高达 62%。在同期社会总产值年均增长近 9 个百分点中，来自农业发展的贡献达到 5—6 个百分点。1978 年我国县及县以下社会消费品零售额所占比重高达全社会消费零售总额的 65%。而到了 2005 年，在全社会消费品零售总额中，农村消费品零售总额的比重仍占 32.9%。有学者测算，在目前的新农村建设中如果要初步实现新农村建设目标，仅仅是对农民居住条件改善，农村改水、改厕，兴修乡村公路，改造、发展能源，兴修农田水利以及构建农村社会保障体系的基础设施建设，所需投资就在 5 万亿元以上。

提供要素保障

农业要素贡献，最突出的是资本、劳动力和土地贡献。从长期的观点看，国民经济其他部门的发展过程就是农业领域生产要素不断向其他部门转移的过程。随着农业生产力的提高，剩余农产品、剩余农业劳动力、剩余农业资本以及其他自然资源不断转入第二产业和第三产业，为其他部门的产生和发展提供了必要的生产要素。没有这种要素转移，其他部门的发展就面临"无米之炊"的境地。

从 20 世纪 80 年代中期开始，乡镇企业异军突起，大量农村劳动力"离土不离乡"，形成了就业转移的浪潮。进入 90 年代后，国家逐步放宽农民就业的限制，赋予农民自主

农民工登上 2009 年美国《时代》杂志

择业权，形成了农村和地区间全方位流动的格局，离开本乡本镇到外地就业的农村劳动力超过 1.3 亿人，加之在本地乡镇企业的就业人员，总量已近 2.4 亿人。他们广泛分布在城镇的各个生产、管理经营、服务等领域，成为中国产业大军的主力。如果没有他们，我国的工业化、城镇化进程不会发展那么快，沿海地区新兴产业和开放型经济就

不可能迅猛发展。农民工为社会创造了财富，为农村增加了收入，为城乡发展注入了新的活力，为国家现代化建设作出了重大贡献。

1952—1990 年，我国工业化建设从农业吸取了约 1 万亿元的剩余，差不多占国民收入全部积累额的 22.4%，成为主要的资金来源。这些资金大多是通过农业税和剪刀差获取。改革开放前，农业各税在我国税制结构中占有重要地位，1950 年农业各税占总税收的比重为 39%，1956 年农业各税占国家税收总额的比重为 21.05%，到 1970 年农业税所占比重还保持在 11.37%，直到 1978 年随着工商税收的增加，农业税所占的比重才降到了 5.47%。据统计，1952—1985 年间，全国征收的农业各税总额为 975.43 亿元。

除了向农民征收农业税外，工农业产品价格的"剪刀差"也是国家从农村获取资本积累的重要途径。在整个农产品统购统销时期，国家通过"剪刀差"获取的农业剩余数额要远远大于农业税的数额，成为一笔规模庞大的财政收入。这一体制的基本形式是，一方面对农产品实行低价统购，以减轻国家的压力；另一方面对城镇居民以统销的方式低价供应粮食，以降低工业成本。关于在统购统销期间国家通过"剪刀差"从农民那里获得工业化资金的具体金额，不同的研究者曾得出过不同的结论，综合来看，普遍认为是 5000 亿—8000 亿元之间。统购统销和

"剪刀差"是我国工业化过程中的重要制度保障，确保了农业的积累源源不断地输往城市和工业，为我国的城市化和工业化提供了巨额资金保障。

土地为社会经济发展作出了重大贡献。20世纪末以来，城镇化启动并高速发展，农民为城镇化建设提供了土地空间，仅2010年1—11月间，全国120个城市累计供应、成交住宅用地分别为39591万平方米、30216万平方米，同比增幅达43%、40%。城镇特别是一、二线城市，十多年来成倍甚至数倍扩张，主要是出让土地获得的巨额资金，2001—2005年获得土地出让金近2万亿元，2009年一年获得出让金达1.5万亿元，2010年更高达2.7万亿元，这些资金为城市重大工程项目、基础设施建设、公共服务等提供了重要的资金保障。此外，我国现行的土地政策，使得政府供地一定程度上类似投放货币，政府用较低

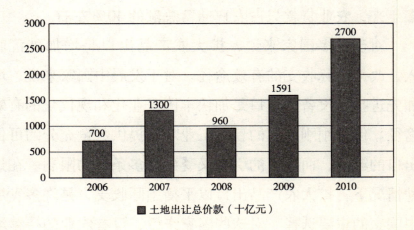

■ 土地出让总价款（十亿元）

成本征地，以较高面值发售，并使土地本身具有财富储存功能，在供地融资的经济流程里，土地可以贷款，从而把银行存款转变为投资，为城市和公共设施发展提供巨额资金。

提供资金与外汇保障

农业部门的剩余资金向非农部门转移，是非农部门发展的重要因素，是其发展初期的主要动力。世界上多数国家工业化初期所需资金绝大部分是从农业获取的。即使在工业和其他部门获得长足发展，自己已积累了超过农业部门的资金之后，整个农业部门依然是为其他部门发展积累资金的重要来源。我国农村资金通过金融存贷大部分流向城市，据国家统计局资料表明，2003 年农户储蓄占城乡储蓄的比重为 18%，农业贷款仅占各项贷款总和的 5%。多年来，农业贷款只占农户储蓄总额的 40% 左右。

对于许多国家来说，扩大农产品出口是增加外汇收入、改善国际收支的有效途径。对于发展中国家来说，增加先进技术设备的进口是加快本国工业化和现代化的有效途径。但是刚刚兴起的新兴工业难以提供数量充分的可供出口的产品，而外资的引进又受到许多条件的限制。在这种情况下，扩大农产品出口以平衡国际收支，是许多发展中国家的主要选择。对这些国家来说，没有农业的持续增长，也就没有工业化和现代化。

2002—2009 年我国对东盟农产品进出口情况

单位：亿美元

年度	出口额	进口额
2002	19.8	18.3
2003	23.5	26.4
2004	21.2	37.2
2005	24.2	36.8
2006	30.5	49.5
2007	39.3	70.8
2008	45.7	90.9
2009	53.4	85.7

资料来源：中国海关总署。2009 年 1—12 月，我对东盟农产品出口额为 53.4 亿美元，同比增长 16.9%。其中，对东盟出口水果 184.4 万吨，同比增长 24.7%；出口鲜蔬菜 167.5 万吨，同比增长 5.6%；出口冻鱼及冻鱼片 22.4 万吨，同比增长 88.4%；出口虾及制品 2.3 万吨，同比减少 32.3%；出口花生 12.4 万吨，同比增长 102.2%。

在新中国成立初期，我国主要靠农产品出口获取外汇来支持国家工业化建设。直到 2003 年，我国农产品贸易都是顺差，2004 年才开始出现逆差。同时，以农产品为原料的轻纺产品等大量出口，也为国家获取了大量外汇。其中，加入 WTO 后以农产品加工品为原料的纺织品出口，成为我国出口产品和外贸顺差的重要贡献因素。2001—2004 年，纺织原料及纺织制品出口额由 428.29 亿美元增长到 887.67 亿美元，平均每年递增 21.2%。对于一些发达国家来说，由于自然禀赋和生产技术方面的优越性，例如美国和法国都是发达的农产品出口大国，农产品的外汇贡献巨大。其中，美国的情况更加突出，它不但是世界最大资本输入国，农业在平衡收支、减少外汇赤字方面也发挥着重要作用。

粮食安全是国家安全的基础

粮食是自然依赖性产品，一年只能生产一季或两季，不仅有较长的周期，且受自然环境影响较大。粮食安全不仅关系到一个国家的安全，而且关系到世界的和平与稳定。1979 年联合国粮农组织第 21 届全体大会决定，从 1981 年起，把每年 10 月 16 日定为世界粮食日，提出让"粮食第一"成为世界人民的行动口号，以期唤醒世界公民的"饥饿意识"，警醒各国努力发展粮食生产。

印度正在吃粮食储备不足的亏，近几年来有两三亿人在挨饿；俄罗斯为保障本国粮食供应，2010 年 8 月断然停止粮食出口。据统计，第二次世界大战后，全球已发生了 7 次粮荒。作为有 13 亿人口的大国，粮食储备不可掉以轻心。近年来，全球粮食价格大幅上涨，据联合国粮农组织发布的报告显示，自 2010 年 7 月以来，国际粮价持续攀升，9 月小麦价格比 7 月初上涨了 60%—80%。同期玉米价格上涨了 40%，稻米价格上涨了 7%。美国农业部报告显示，2010—2011 年度全球粮食主产国减产，推升了谷物和燃料价格。世界粮农组织最新的粮食价格指数也逼近 2008 年中所创下的历史高点，全世界 77 个低收入缺

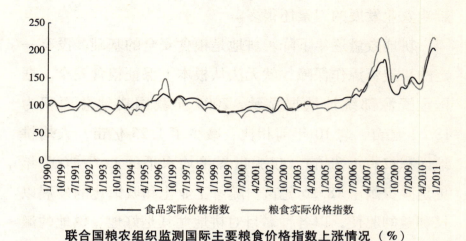

联合国粮农组织监测国际主要粮食价格指数上涨情况（%）

粮国家谷物进口费用比上年增加 8%，再度引发了全球可能重演粮食危机的疑虑，世界粮食市场行情应声而起，"新的粮食危机正在形成"已成为共识。近期爆发的中东、北非动荡，最直接的原因实际是粮食价格大幅上涨普通百姓不堪重负造成的。

我国的粮食安全形势不容乐观

新中国成立以来，特别是改革开放 30 多年来，我国的农业生产水平有了很大的发展，粮食产量逐年提高。据统计，2010 年全年粮食总产量达到 54641 万吨，基本解决了 13 亿人口的温饱问题，粮食产量和消费量占到了世界的 25%，创造了用世界 9% 左右的耕地解决世界 22% 人口的吃饭问题，人均农产品生产量和消费量达到世界中等以上水平。但是，我国的农业还是一个弱质产业，制约和影响农业发展的因素还很多。

耕地数量逐年下降。耕地是粮食安全的基础，没有一定的耕地资源作保障，就无法从根本上保证粮食安全。据国土资源部统计数据显示，2005 年我国耕地总面积为18.31 亿亩，与 10 年前相比，减少了 1.25 亿亩，人均耕地面积仅有 1.38 亩，仅为世界平均水平的 1/4，2007 年更是减少到了 18.26 亿亩。随着工业化和城镇化的发展以及利益的驱使，以各种名目对耕地尤其是好地、熟地的滥占滥用还将继续，而新增地多是边缘地、劣地、生地，可供开发的耕地资源数量非常有限，同时还面临着退耕还林还草等生态用地的压力，耕地资源减少的趋势不可逆转。

2001—2007 年我国耕地面积变化情况

人口数量不断增加。据中国人口与发展研究中心2002 年预测报告显示，到 2020 年我国人口将达到 14.72亿，2030 年将达到 16 亿人，按照每人每年需要 400 公斤粮食计算，到那时就需要 6.4 亿吨，与现在比相差 1 亿吨，也就是说粮食总产量在现有基础上要增加 20%，才能满足"养活中国人"的需要。

农业生产基础设施和科技水平落后。水库等基础设施薄弱，抗灾能力弱，水资源分布不平衡，占商品粮主要份额的北方耕地普遍缺水，灌溉成本高；农业科技水平落后，缺少增产效果显著的成熟配套技术，传统技术能力已发挥到极致，粮食增产的潜力十分有限。此外，土地污染严重，农药化肥的依赖度高，极端气候频发，甚至出现南北同旱共涝局面，严重制约和影响了粮食产量的提高。

粮食作为维持生命的基本需要，始终是国家自立的基础，并对政治安定、经济发展和社会稳定产生巨大影响，我们历史上的改朝换代，大多是因民不聊生，食不果腹引发的。因此，如何保障我国的粮食安全将是今后需要长期关注的重大现实问题。

西方国家的挑战对我国构成现实威胁

美国政客基辛格曾经说过："如果你控制了石油，你就控制了所有国家；如果你控制了粮食，你就控制了所有的人；如果你控制了货币，你就控制了整个世界"。当粮食与美元、石油等经济战略武器被投机资金紧紧地捆在一起的时候，粮食不再仅仅是食物，不再是分割市场中的单纯贸易品，而是博弈的筹码，是经济大战中的武器，拥有了世界粮食市场的垄断地位，就拥有了世界经济体系的主导权。

自 20 世纪 50 年代起，美国就将粮食作为其谋求世界霸权地位的重要战略资源，通过美元贬值来提升美国农产品在国际市场上的竞争力，通过政府补贴和商业资本的挤压打击其他国家的粮食生产能力，通过使用新技术逐步控制世界粮食生产和贸易，巩固和发展美国在世界农业市场的优势地位，使自己成为世界上最大的粮食供应国。在粮食商品化和粮食政治化的相互作用下，不少国家由于引入了美国的现代农业技术、转基因种子和化学肥料，导致其自身农业的逐渐衰退和对美国的严重依赖。

印度环保思想家、社会活动家范达娜·席瓦在《失窃的收成》一书中讲道：粮种是粮食链的第一环，是粮食产业安全的终极标志。但是，新的知识产权制度允许各个企业篡取粮种知识并以宣布私有产权的方式将其垄断。今天，西方发达国家的 10 家企业控制着 32% 的粮种商业市场，同时控制着 100% 的转基因粮种市场，仅仅 5 家企业就操纵了全球的谷物贸易。1998 年 5 月，美国农业部和台达松景兰德公司宣布对一种新型农业生物技术进行联合开发和专利控制，该技术被温和地表述为"植物基因表达控制"。这项新专利允许专利持有人和授权使用者，通过有选择地配置植物 DNA 来杀灭自身胚胎的做法，制造出不育的种子。这项专利已经在至少 70 个国家获得批

准，被应用于所有的植物
和种子。这意味着即使农
户在收获后保存好这些植
物的种子以备日后种植，
这些种子也永远不会发芽。
这就迫使农户每年都要从
种子公司购买新的种子，
对许多国家特别是发展中
国家构成了严重的粮食
威胁。

美国孟山都种子公司控制着
全世界 **80%** 的基因改造种子

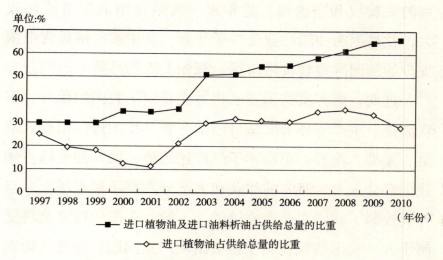

国内植物油供给对外依赖度持续增强

　　我国长期以来强调粮食自给自足，粮食供给基本处于
安全状态，但由于我国小农户粮食生产模式在西方国家推

33

动的粮食战略国际农产品竞争面前处于极为不利地位，某些重要粮食产品已经受到西方国家粮食的冲击。比如，大豆、棉花、植物油、奶制品、畜牧产品等，近年来进口快速增长并对国内相关行业产生了巨大冲击。据统计，2007年中国大豆净进口量达3036万吨，是1996年的10倍，2010年更是达到了5480万吨，这些大豆主要来自美国、巴西和阿根廷，其中美国大豆为2280万吨。在美国大豆冲击下，中国国内大豆生产日益萎缩。此外，外资垄断集团进军国内粮食领域步伐呈加速之势，他们通过收购、参股等形式掌握国内大型粮油企业，进而控制了我国进口大豆的采购权和定价权。近年来，我国食用油价格涨幅较大，就是因为油脂产业受控于外资，食用油价格成为中国少有的随国际粮食价格市场上涨而上涨的品种。

近期，西方发达国家又将目光转向了我国的粮种、粮食储备、生产等环节。从目前情况看，我国进口粮食、蔬菜、果类、花卉、植物种子呈加速趋势，国外种子已占领我国部分玉米、95%的甜菜和大部分高端蔬菜市场，一旦外资控制了我国农业产业链的上下游，中国的粮食就将受制于人，我国的粮食安全就会出现严重问题，并直接影响到政治、经济和社会等各个方面。

生态环境安全形势严峻

近年来，我国农业污染问题日益严重，农业污染量已占到总污染量的 1/3 左右。农业污染主要表现为化肥污染、农药污染、畜禽养殖粪便、地膜污染和农业废弃物污染等。

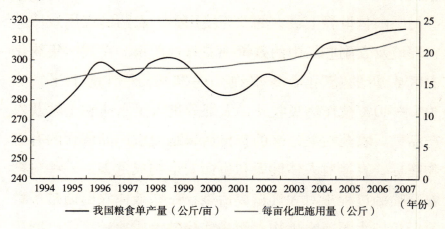

我国粮食单产量与每亩化肥施用量的关系

　　我国化肥有效利用率为 30%—40%，与发达国家 60%—70% 的利用率相差 1 倍，使用量是发达国家化肥安全使用上限（15 公斤/亩）的 2 倍，并且还在逐年增加。过量施用化肥破坏了土壤的内在结构，降低了土壤中的有机质，造成土壤板结、地力下降。资料显示，1950 年，我国大部分土地有机质含量为 7%，现在下降至 3%—4%，流失速度是美国的 5 倍。过量施用化肥还导致了对水质的污染，农业化肥中的氮、磷通过地表径流和农田排水进入地表和地下水体，导致了水体的富营养化。中国农业科学院的有关专家分析，在我国水环境中，来自农田和畜禽养殖粪便中的总磷、总氮比重已分别达到 43% 和

53%，接近和超过了来自工业和城市生活的点源污染，已成为我国水环境污染的主要因素，对我国水安全构成了严重威胁。

中国是世界上最大的农药使用国，农药的滥用致使其在环境及农副产品中的残留现象日益严重。在我国集约化农区农药的施用量基本在 20—30 公斤剂量水平，除 30%—40% 被作物吸收外，大部分进入了水体和土壤及农产品中。农药污染带来的直接后果是使农产品所含的有害物超标，直接对人体健康和生命安全构成危害。一些粉剂农药喷洒过程中对大气造成污染，一些液体农药通过各种途径污染水源、水生物，而一些化学性质比较稳定，残留期长的农药，给土壤带来了污染。此外，农药除了能杀死害虫外还能杀死很多害虫的天敌，破坏了生命多样性和农田生态系统的平衡。

我国每年有上百万吨农膜投放到农田，且其使用量还在逐年增加，地膜覆盖栽培技术也已经从蔬菜、棉花发展到玉米、甜菜和小麦等 40 多种作物。农膜覆盖栽培技术在带来经济效益的同时，也对耕地造成了严重的白色污染。我国目前使用的农膜绝大部分为不可降解塑料，一般的农膜在土壤中自然降解周期为 200—400 年。农膜碎片不断累积在土壤中，降低了土壤的渗透性，减少了土壤的含水量，极大地削弱了耕地的抗旱能力，同时残留的农膜阻碍农作物根系的发育，影响其正常生长，最终造成农作物减产。

我国每年约有 50 万吨农膜残留在土壤中

　　农业废弃物造成的污染主要来源于畜禽粪便及农作物秸秆。目前，我国大中型畜禽养殖场达到 14000 多家，每年排放的粪水及粪便总量超过 19 亿吨。由于缺乏无害化、资源化处理，相当一部分畜禽粪便被直接排入河流或是随意排放，造成了水资源的富营养化和病原体污染，成为引发流行疾病的源头。此外，农业丰收后农民就地燃烧秸秆，产生的烟雾大量滞留在空气中，使得空气中的二氧化硫和降尘的含量大量增加，不仅造成了空气污染，也对交通安全带来极大隐患。

　　农业污染不仅使得生态环境严重恶化，生物物种急剧减少，而且使得全球气候变化异常，自然灾害频繁发生，同时对人类的健康和发展带来巨大威胁。如何减少污染，保持良好的生态环境，是全人类必须面对的重大课题。

第二章　农业的第一个春天

中国人口中最多的是农民，最根本的问题是农民问题，只有农民问题解决了，其他问题才能解决。而农民最关心的是土地，土地不仅仅是最基本的生产资料，也是农民种种权益保障的依托，更是他们世代延续的情感寄托和精神后花园。有一块属于自己的土地，成了历代农民的最高追求，为此他们付出了汗水、鲜血，甚至献出了生命。

中国社会发展的历史，可以说就是一部农民为改变自身命运进行不懈努力的抗争史，在这部波澜壮阔的历史中，农民的思想意识不断成熟和发展。起初，他们只是本能地反抗那种尊卑贵贱的等级制度，渴望拥有一定的政治权利，就像陈胜发动农民起义时说的"王侯将相，宁有种乎？"，如果说此时的农民对平日高高在上的统治者尚有一丝畏惧和羡慕的话，那么东汉末年流传的歌谣："发如韭，剪复生；头如鸡，割复鸣。吏不必可畏，小民从来不可轻"反映的则是对封建统治者的蔑视和自身力量的一种自信。

其后，广大农民在斗争的实践中，逐渐认识到没有经济上的平等，就没有政治权利的平等。到了宋代，农民起义的领导者已经试着把政治权利和经济权利结合起来，提出了"等贵贱，均贫富"的口号，这应该说是人们最早认识到经济基础决定上层建筑的思想雏形，是农民斗争意识的一次飞跃。

随着思想认识的不断深入，农民开始把自己的斗争目标逐渐转向延续几千年的土地所有制度，直指封建制度的统治根基。明朝末年李自成明确地提出"均田免粮"的主张，广大农民第一次要求平分土地。清朝末年的太平天国运动，农民不仅有了自己的主张，并且形成了系统的政治纲领——《天朝田亩制度》，就是要实现千百年来"有田同耕，有饭同食，有衣同穿，有钱同使，无处不均匀，无人不饱暖"的最高理想，为此建立了历史上第一个不同于封建朝

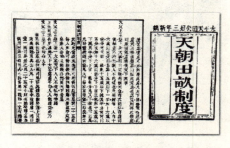

《天朝田亩制度》

代的理想社会——太平天国，从而达到了封建社会农民革命的最高峰。尽管由于历史的局限，这次斗争以失败而告终，但是它的影响是巨大的，可以说太平天国运动敲响了中国封建社会的丧钟。

在这之后，资产阶级革命的先行者孙中山先生站在资产阶级的角度，再次提出了"耕者有其田"的主张，并为此进行了不懈努力，由于没有科学明确的革命纲领，没有依靠和发动最大多数群众，加之从晚清政府、北洋政府直至国民政府，都穷于应付来自各方面的合法性挑战，而无暇顾及农村问题，以致走马灯式的朝代更替没有改变农村的社会关系，"耕者有其田"的设想依然没有实现。

历史的命运最终落到了中国共产党人的身上。他们在总结历史经验和前期革命失败教训的基础上，提出了一整

农民传阅《土地法大纲》

套符合实际的理论、方针和政策，包括：农民是中国民主革命的基本力量；农村是革命的根据地；农民问题的核心是土地问题，只有实行"耕者有其田"和平均地权，才能满足农民对土地的强烈愿望，才能团结农村户数的绝大多数；发动和组织农民，首先是发动和组织广大的贫农群众；要教育和领导农民；鼓励和发展互助合作，等等。正是基于这些正确的理论政策，才有了土地革命时期的打土豪分田地，有了抗日战争时期的减租减息斗争，有了第三次国内革命战争时期中国共产党颁布的《中国土地法大纲》，有了其后的土地改革，从而彻

底解决了中国的土地问题，在中国历史上真正实现了"耕者有其田"，使广大农民当家做主人，解放和发展了农业生产力。

"耕者有其田"推动了新中国的建立

抗日战争时期，我党在抗日根据地广泛开展减租减息运动，以此调动广大群众坚持抗战的积极性。抗日战争胜利后，为了建设一个和平民主的新中国，中国共产党领导的解放区继续实行减租减息政策。

但随着全面内战的爆发，如何动员广大解放区人民粉碎国民党反动派的进攻，支持革命战争，成为中国共产党人面临的一个重大问题，此外，解放区的农民也迫切希望得到土地。在这种情况下，为了制定新的土地政策，1946年5月4日，中共中央会议研究通过了《中共中央关于土地问题的指示》，简称"五四指示"。

"五四指示"表现了中国共产党土地政策的重大转变，即由抗日战争时期的减租减息政策改变为没收地主土地分配给农民的政策，也就是由削弱封建剥削制度的政策转为消灭封建剥削制度的政策。"五四指示"的推出标志着土地改革运动的开始，自"五四指示"下达以后，各解放区都轰轰烈烈地进行了实现"耕者有其田"的土地改革运动，并取得了巨大的成果。

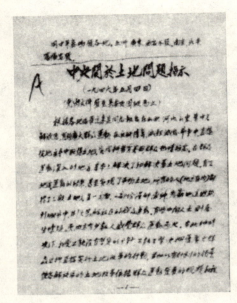

"五四指示"

晋察冀解放区农民热烈拥护土改政策

到 1949 年上半年,东北、华北、西北及华东的山东、苏北等老解放区及其包围的小块新区,土地已基本平均分配,封建土地占有制度被废除,地主作为一个阶级被消灭。据统计,在拥有 2.7 亿人口,面积约 230 万平方公里的解放区中(内蒙古自治区和华南不在内),已经完成土地改革的地区约有 1.51 亿人口,约占当时全国人口的三分之一,其中农业人口约 1.25 亿,即 1 亿多农民通过减租减息和土地改革,从地主和旧式富农手中获得近 2500 万公顷(约 3.7 亿亩)的土地和其他果实。

在土地改革中,亿万获得土地、粮食、房屋的农民,为了保卫翻身果实,以"保田参军"为口号,踊跃加入解放军,仅东北解放区土地改革 3 年以来就有 160 万人参军。解放区的农民还就地组织民兵，协助野战部队和地方武装牵制、围困与歼灭进犯的国民党军队。为了彻底推翻国民党反动派的统治，解放区农民在物资、人力等各方面积极保障解放军的前方供应。正是因为这些，人民解放战争才能在短短的 4 年间取得决定性的胜利。

土地改革极大地解放了生产力

1950 年 6 月 6 日，中国共产党七届三中全会在北京举行。会议讨论新区土地改革问题，并审议了《中华人民共和国土地改革法》（草案）、《关于土地改革问题的报告》和《农民协会组织通则》（草案）三个关于新区土地改革文件，确立了土地改革的总路线——依靠贫农、雇农，团结中农，中立富农，有步骤、有分别地消灭封建剥削制度，发展农业生产。

6 月中旬，中国人民政治协商会议第一届全国委员会第二次会议在北京举行，会议的中心议题是讨论《土地改革法》（草案）。之后，中央人民政府举行第八次会议，根据全国政协一届二次会议的建议，通过了《中华人民共和国土地改革法》，6 月 30 日，毛泽东主席签署并正式颁布《中华人民共和国土地改革法》。《中华人民共和国土地改革法》的颁布为全国新解放区开展的土地改革提供了新的法律依据。

《土地改革法》得到农民拥护

新解放区的土地改革按照发动群众、划分阶级、没收和分配土地、复查和发展生产四个步骤，分三个批次进行。第一批，1950年冬至1951年春，主要在华北、华东、中南、西北等约1.2亿农业人口地区进行；第二批，1951年冬至1952年春，主要在华南、西南等约1.1亿农业人口地区进行；第三批，1952年冬至1953年春，主要在少数民族地区约3000万农业人口中进行。到1953年春，除西藏、新疆等少数民族聚居区及台湾外，其他地区全部完成。

山东沂南农民拔掉地主立的界碑

在整个土改运动中，共征收没收了约7亿亩的土地，并将这些土地分给了约3亿无地少地的农民，获得经济利益的农民约占农业人口的60%—70%。土地改革前，农民为耕种这7亿亩土地，每年要向地主交纳3000吨以上粮食的地租，现在则不用再交了，农民不再需要为地主劳动。"分了地，出了气，翻了身，见了天"是农民精神状态的真实写照。

同时，在土改中还没收了地主阶级的耕畜296万余头，农具3944万余件，房屋3795万余间，粮食100多亿斤。这些都无偿地分给了3亿缺少生产资料的农民，为他们发展生产、改善生活创造了良好条件。

土改工作队带领农民分田地

土地改革运动是对中国社会触及最深刻、涉及面最广泛的一场群众运动。土地改革的完成，消灭了几千年来的封建剥削制度，宣告了中国半殖民地半封建社会历史的彻底结束，摧毁了帝国主义和国民党反动派的社会基础，巩固了新生的人民民主专政的国家政权。

土地改革运动实现了农民"耕者有其田"的梦想，解放了农村生产力，极大地激发了农民的生产劳动积极性，迅速恢复和发展了农业生产，为农业社会主义改造和国家的工业化创造了有利条件。据统计，1952年，农业产值达484亿元，比1949年增加48.5%，主要农业产品产量：粮食3278亿斤，棉花2607万担。以新中国成立前最高年产量为100算，1952年的粮食就是117.9，棉花就是153.6。也就是说，1952年主要工农业产品产量都超过了战前最高水平。

农业生产的大发展不仅有效地配合了新中国成立初期的抗美援朝、镇压反革命、"三反五反"等运动的开展，也为我国社会主义改造和国家的工业化创造了有利条件。

互助合作

随着1953年春土地改革的基本完成，中国农村社会逐渐趋于安定，农业生产也开始迅速恢复，但很快又出现了农户间"两极分化"的趋势。"两级分化"是指当时一小部分经济上升较快的农户开始买地、雇工、扩大经营，而另一部分因种种原因变得生活困难的农户则开始卖地、借债和受雇于他人，农村中的贫富分化正在悄悄地拉开。

如果说农村贫富分化仅仅是一个苗头的话，更加引起决策者担忧的是农民普遍想走旧式富农道路的心态。土地改革使农民获得了梦寐以求的土地，他们对中国共产党表示真诚的拥护，但由于受几千年的传统习惯影响，农民的基本要求只是发家致富，希望自己能发展到过去富农的状态。但另一方面，农民又存在着担心，害怕发家以后再被戴上剥削的帽子，因而在生产中投工投资不积极。

针对土地改革后农村出现的新情况、新问题，党中央在经过讨论后发出了开展互助合作的号召，推行互助组和农业生产合作社，同时这也是党在过渡时期总路线和总任务的一个重要组成部分，即实现国家对农业的社会主义改造。

1951年春，政务院《关于1951年农村生产的决定》中明确提出："各地要加强对互助合作运动的领导，要加强互助组的发展与巩固工作，并以此来达到进一步提高生产的目的。"到1951年年底，我国的互助组达到467.5万个，参加的农户达2100万户，占总农户的比重为19.2%。

随着1951年12月15日《中共中央关于农业生产互助合作的决议（草案）》的正式下发，农村的互助合作运动开始加快。在1952年一年中，全国新增农业互助组335.1万个，参加的农户达4536.4万

农民加入合作社

户，占全国农户的比重上升到39.9%。但在这一年的互助合作发展中，也出现了一些单纯追求完成任务指标的倾向，一些地方甚至出现了强迫农民参加互助合作组的不正常做法，造成了不良影响。

在互助合作发展的过程中，也涌现出了一大批农业互助合作的先进典型，其中最为有名的是李顺达。早在

1951年毛主席亲自接见李顺达

1943年2月，为克服因日军"扫荡"和自然灾害带来的困难，响应党中央"组织起来，发展生产"的号召，李顺达就联络宋金山、路文全等6户农民，在山西平顺县西沟村建立了全国成立较早的农业劳动互助组。由于采取了劳武结合，即田间劳动和对敌斗争相结合的办法，不仅发展了生产，渡过了灾荒，而且使参军、参战和支援前线等任务都没有受到耽误。

1951年3月，李顺达领导西沟村互助组，响应全国农业工作会议开展全国性的爱国生产运动的号召，向全国各地互助组发起了开展爱国丰产竞赛运动的倡议。在倡议中，率先提出改革农业技术，使用新式农具和发展农副业的生产竞赛计划，并增加了加强爱国主义教育、提高政治思想教育和调动农民生产积极性、创造性的新内容。这项倡议经新华社及全国新闻媒体的广泛宣传，从长城内外、大江南北寄来的响应信和应战书，像雪片一样飞到西沟村。一个月内，河北、黑龙江、陕西、湖北、贵州、内蒙古等20多个省、市、自治区，就有1618位劳动模范和1938个互助组响应李顺达互助组的倡议，这些互助组在夏季爱国丰产计划完成后，又掀起了秋季爱国生产竞赛。

这一年，各地每亩的粮食产量平均比上年增加 20%—30%。为此，李顺达互助组被誉为"全国丰产模范互助组"，1952 年获农业部颁发的"爱国生产金星奖章"。

1952 年春天，李顺达为进一步发展山区农村经济，改变过去单纯农业生产结构的状况，适应山区在较大范围内发展多种经济和从事农田基本建设的需要，在原来互助组的基础上，增加

西沟农业合作社成立时的情形

农户，扩建成农林牧生产合作社。他们在充分调查论证的基础上，从调整产业结构着手，制订了长期全面发展多种经济的规划。他亲自带头并领导大家在山坡上种植松、柏、山桃、山杏和核桃树，沿着山沟自上而下建谷坊、修蓄水池，保持水土，防止流失，还在道路两旁栽种杨树、柳树。经过坚持不懈的努力，集体造林几百亩，各户造林127 亩，为全村大规模发展农业生产奠定了良好的基础。建社 3 年，由于贯彻执行了长期生产建设规划，全村由过去只在1900 多亩耕地上单一种植粮食的产品结构，扩大到在 22000 多亩的土地上，全面发展农林牧副多种经济。到1955 年，全社的总收入比互助组时期增加了 25.1%，人均收入超过社外农民收入的 23.3%。这一年全社公共积累的价值，比建社前一年增加了 90 倍。随着生产发展，

1955 年西沟生产合作社高级社成立大会

农民的物质、文化生活都有了很大的改善。

互助组和农业合作社的推行，符合新中国成立初期我国农业发展的现实需要。新中国成立初期，我国农业生产力水平极低，抗御自然风险的能力极弱，加之由于刚刚建国和抗美援朝战争的影响，相当一部分农户缺少劳动力和生产资料，农户有合作的需要，内心有寻求集体行动的动机。互助组的特点表现在调剂人力、畜力和农具，保证农作物及时耕种，解决了农户生产中的一些困难。互助组不改变生产资料所有权关系，是在自愿的基础上，坚持平等交换和互利原则，有效解决了农业生产中的困难，及时播种，不误农时，因而受到广大农民的拥护。互助组向农业生产合作社的快速过渡较为仓促，但是，由于政府与农户的偏好相同，合作社相关制度安排符合农民自身的需求，农民对其资产的所有权、收益权、使用权、处置权都得到了充分保证，因此也获得了较好的经济绩效。可以说，这一时期的农业，无论是互助组还是合作社，都是符合当时中国农村农民以及农业生产力的实际需求的。

第三章　合作化初试受挫

经过三年时间的经济恢复期，我国的农业发展有了长足的进步，农业生产条件有所改观，农业生产水平不断提高，人民的物质生活条件得到改善。面对农业发展取得的成就，党内一些同志开始出现盲目乐观情绪，认为农村社会主义改造的高潮即将来临，用土地财产公有制培育农民的主体意识，可以推进社会经济的快速发展，让人民过上梦寐以求的幸福、富裕生活不再是个漫长的过程，于是以合作化为基础的农村社会主义改造运动在中华大地上轰轰烈烈地展开。

农业合作化运动

1953 年 6 月，中央政治局会议确定了过渡时期的总路线和总任务，就是"要在十年到十五年或者更多一些时间内，基本上完成国家工业化和对农业、手工业资本主义工商业的社会主义改造。这条总路线是照耀我们各项工作的灯塔，不要脱离这条总路线，脱离了就要发生'左'倾或右倾的错误。""就农业来说，社会主义道路是我国农业唯一的道路。发展互助合作运动，不断地提高农业生产力，这是党在农村工作的中心"。9月25日《人民日报》公布了过渡时期总路线。

1953年10月，全国第三次互助合作会议在北京召开，在这次会议上，我国农村互助合作运动的中心出现了转移，即从发展互助组为中心转向了发展农业合作，首选发展的是合作社。在此前，我国虽有部分地区试办了农业生产合作社，但数量很少，从1953年冬开始，合作社迅速发展。1953年12月16日，中央通过了《关于发展农业生产合作社的决议》，在总结了农业生产合作社发展过程中显示出的十大优越性后，还规定了农业生产合作社的发展指标，如到1954年秋收以前，全国农业生产合作社应发展到35800个以上。

当合作社在一部分地区实行了才短短的两三年，到1955年夏季以后，一场以普遍建立高级社为目标的掀起"农村社会主义高潮"运动即迅速地席卷整个农村。1955年7月31日，党中央在省、自治区、直辖市负责人会议上否定了1953年和1955年春对合作社的两次整顿工作，批评了主张发展合作社要稳步前进的同志，说他们像小脚女人，对合作化运动评头论足，不适当的埋怨，无穷的忧虑，数不尽的清规戒律，看不到主流，犯了右倾的错误。1955 年 12 月底，毛泽东同志为《中国农村的社会主义高潮》一书作序。序言中说：1955 年下半年，中国的情况起了一个根本的变化，中国的 1.1 亿农户中，已有 0.7 亿农户加入了半社会主义的农业生产合作社。这件事告诉我们，只需要 1956 年一年，就可以基本上完成农业方面的半社会主义的合作化。

　　但由于"社会主义高潮"的席卷，农村合作化尤其是兴办高级社的发展速度，比党中央的估计还要快得多，到 1956 年 2 月中旬，全国加入农业生产合作社的农户已占总数的 85%，其中加入高级社的农户，已占全国农户总数的 48%。而到 1956 年年

1956 年 1 月，农民把要求办高级社的申请书送上主席台

底，参加农业生产合作社的农户，已占全国农户的 96.3%，其中参加高级社的农户，占全国农户总数的 88%。不难看出，实际上只用了从 1955 年夏到 1956 年年底的一年半时间，就不仅实现了农村的合作化，而且基本实现了取消土地私有制的高级农业生产合作社的普遍化。

　　我国的农业合作化不仅速度是超高速的，而且随着时

53

间的推移，合作化中的政治倾向日益明显。1957 年秋，在农村开展了大规模的社会主义教育运动，进一步把是否参加合作社组织作为社会主义与资本主义两条道路的区分标准，政治上还采取对合作化持有不同意见的干部群众进行打击。在政治高压下，广大干部群众不能表达真实的意愿。自此浮夸风、说大话假话、违背经济规律、不尊重实际的"左"倾错误严重泛滥，使生产关系与生产力之间更加不协调。从此，我国的农业进入了缓慢发展、甚至是倒退的历史时期，经济上付出了沉重代价。

1958 年的"大跃进"

"大跃进"的发动是从掀起农业生产高潮开始的。1957 年 9 月 24 日，中央发出《关于在今冬明春大规模开展兴修农田水利和积肥运动的决定》，要求各地掀起农业生产高潮。"多数地区的多数合作社在五年内赶上和超过富裕中农的生产水平，这是我国农业生产的一个大跃进"。10 月 25 日，农业发展纲要经过中共八届三中全会修改后正式公布。《人民日报》发表题为《建设社会主义农村的伟大纲领》的社论，要求"有关农业和农村的各方面工作在十二年内都按照必要和可能，实现一个巨大的跃进"。通过这篇社论，中央向全国人民发出了"大跃进"的号召。

　　1958 年 5 月，中国共产党第八次全国代表大会第二次会议在北京召开，会议通过了"鼓足干劲、力争上游、多快好省地建设社会主义"的总路线，并提出"我国工业在 15 年或者更短的时间内，在钢铁和其他主要工业产品的产量方面赶上和超过英国；使我国农业在提前实现农业发展纲要的基础上，迅速地超过资本主义国家；使我国科学和技术在实现十二年科学发

"大跃进"时期的宣传画

展规划的基础上，尽快地赶上世界上最先进的水平"。甚至有的还提出争取 7 年赶上英国，15 年赶上美国的要求。在这次会议上通过的第二个五年计划的指标，比 1956 年 9 月八大一次会议时建议的指标，工业方面普遍提高 1 倍，农业方面普遍提高 20%—50%。其中钢产量从 1200 万吨提高到 3000 万吨，粮食产量从 5000 亿斤提高到 7000 亿斤。至此，"大跃进"运动进入了全面开展阶段。

　　"大跃进"的主要表现是片面追求工农业生产和建设的高速度，不断地大幅度提高和修改经济计划，制定不切实际的高指标。在农业方面，原定用 12 年时间实现农业发展纲要规定的目标被不断缩短，有的省提出 5 年、3 年，甚至 1 年实现。在各地高指标的基础上，中央在 6 月

估计，1958 年粮食产量比上年可增产 1000 亿斤，达到 4700 亿斤。

小姑娘坐在"卫星田"的稻穗上

伴随着高指标，浮夸风日益泛滥开来，这成为 1958 年农业"大跃进"的显著特征。1958 年夏收开始后，各地报刊不断报高产、放"卫星"，水稻最高的达到亩产 130434 斤，小麦达到 8585 斤，玉米、高粱、红薯、水果等已是一个挨一个。在普遍存在浮夸风的情况下，农业部公布 1958 年夏粮产量达到 1010 亿斤，比上年增产 413 亿斤，增长了 69%。

1958 年 8 月，中央在北戴河召开了政治局扩大会议，通称"北戴河会议"。这次会议重点讨论了 1959 年的国民经济计划以及工业生产、建立农村人民公社等问题。会议对当时国内经济形势作了不切实际的估计，认为 1958 年农业生产出现"大跃进"，粮食总产量可达 6000 亿——7000 亿斤，比上年增产 60%—90%，棉花将达 7000 万担，比上年增产 1 倍以上。基于这种盲目乐观的估计，会议认为我国农业问题已经解决了，注意力应转移到工业上来。会议决定当前工业的中心问题是钢铁生产和机械生产，并正式确定 1958 年的钢产量要在 1957 年的 535 万吨的基础上增加 1 倍，达到 1070 万吨。

北戴河会议以后，全民大炼钢铁运动掀起高潮并成为"大跃进"的中心，一场全党全民大炼钢铁的运动在 960 万平方公里的大地上展开，除了原有大中型钢铁企业发动群众突击炼钢、炼铁以外，全国动员大批群众采取土法炼铁、炼钢，神州大地被星罗棋布的小高炉熏得滚烫滚烫。为了找矿，许多地方县委书记带领群众上山，就连大、中学生都参加进来，成千上万农民置农业生产于不顾，置即

土法炼钢

将收割的庄稼于不顾，投入到了大炼钢铁运动中。到 1958 年 9 月，全国有 5000 多万人直接从事冶炼工作，建立各种规模、大小不一的小高炉、土高炉 60 多万座。到 12 月大炼钢铁的人数达到 9000 多万。同时，尚有 2000 多万人从事找矿、挖煤、交通运输、后勤保障等工作。经过几千万人 4 个月的日夜苦战，到 1958 年年底宣布全年钢产量为 1108 万吨。但是，数百万吨根本无法使用。

全民大炼钢铁给国民经济造成了严重后果，国民经济内部各部门的比例关系，加工业与农业、工业与交通运输

业、重工业与轻工业、积累与消费及社会购买力和商品可
供量严重失调；占用农村劳动力过多，造成 1958 年农业
丰产而没有丰收；经济效益极低，大量人力、物力、财力
被白白浪费，尤其矿产和森林资源损失严重；人民生活水
平普遍下降。

人民公社运动

"公社"一词，最早出现在原始社会，当时的公社是
指社会成员共同生产、共同消费的社会结合形式，如氏族
公社。现代意义上的公社，最早是指中古欧洲自治城镇的
组织，其特色是市民拥有一定的权利，包括财产权、行政
权等，彼此之间互相协助帮忙。各地区的公社情形不同，
有些地区如意大利北部，其自治的力量甚强。中古时代的
公社并未形成民主的政治，一般是形成有钱公民主导的寡
头政治。至近代，此一名词也用于各种其他由人民集合而
成的组织，如巴黎公社、人民公社等。

我国农村的人民公社是在"大跃进"运动中诞生的。
1957 年冬天，全国动员和组织几千万农民掀起以兴修水
利、养猪积肥和改良土壤为中心的冬季农业生产高潮。这
期间，为便于农田水利建设，部分地区出现了农业社之
间、乡之间以及县之间较大范围的协作。这种协作关系是
正常的。但是，1958 年 3 月的成都会议由此认为，原有

的农业合作社规模过小，应把小社有计划适当地合并为大社。3月20日，成都会议通过《关于把小型的农业合作社适当地合并为大社的意见》，各地很快开展了小社并大社的工作。农业社合并以后，各地采用的名称不同，有"农场"、"大社"和"集体农庄"等。6月间，公社的名称才逐渐出现。

8月上旬，毛泽东先后视察了河北、河南、山东等地农村。在视察河南新乡县七里营人民公社时，说，"有这样一个社，就会有好多社"。他指出人民公社的特点是："一曰大，二曰公"。8月9日，在视察山东时，山东省委书记处书记谭启龙汇报历城县北园乡准备办大农场的情况，毛泽东说："还是办人民公社好，它的好处是，可以把工、农、商、学、兵合在一起，便于领导。"消息公开报道后，"人民公社好"的口号传遍全国，许多地区相继出现小社并大社和大社转公社的热潮。

8月，北戴河会议讨论了在全国农村建立人民公社的问题，通过了《中共中央关于在农村建立人民公社问题的决议》。决议对农村形势作了不切实际的估计，认为"人民公社是形势发展的必然趋势"，"在目前形势下，建立农林牧副渔全面发展、工农商学兵互相结合的人民公社，是指导农民加速社会主义建设，提前建成社会主义并逐步过渡到共产主义所必须采取的基本方针"。全国各地在原有大社转公社的基础上，未经认真总结经验，迅速掀

1958 年 8 月湖南宁乡县庆祝人民公社成立

起人民公社化运动的高潮。在短短的几个月内，全国农村就实现了人民公社化。到年底，全国 74 万多个农业社改组合并成 2.6 万多个人民公社，参加公社的农民有 1.2 亿多户，占全国总农户的 99% 以上，农村基本上实现了人民公社化。

人民公社的基本特点是"一大二公"。所谓大，指规模和经营范围大。原来一二百户的农业合作社合并成 4000—5000 户的人民公社，一般一乡一社。人民公社是农林牧副渔全面发展、工农商学兵五位一体的社会基层组织，担负着政治、经济、文化、军事等各方面的任务，这同农业合作社有重大区别。所谓公，指集体化、公有化程度高。除了原有农业合作社的土地、农具、牲畜等生产资料及其他公有财产归公社所有外，社员的自留地、家禽家畜、私有房基，林木等

人民公社时期的大食堂

均为公社所有；实行供给制和工资制相结合的分配制

度，在社队内部贫富拉平，大搞平均主义；实行组织军事化、行动战斗化、生活集体化，大办公共食堂、幸福院、幼儿园等公共事业，到1958年年底，全国农村建立"吃饭不要钱"的公共食堂340多万个；公社对生产队的劳力、财物往往无偿调拨，甚至对社员的财物也无偿占有。

人民公社实行政社合一，各种权力集中在县、社，基层生产队没有自主权，取消了生产责任制，造成生产积极性降低，劳动纪律松弛。为了适应政社合一的组织形式，国家将农村中原属于全民所有制的银行、商店和一些企业划归公社管理，损害了国营企业，削弱了国营经济的领导作用，造成农村商品流通的混乱。

人民公社实行的一系列做法超越了我国当时社会生产力发展水平，是一种超阶段的实践。它不仅没有保持农业生产合作社的积极性，相反却把农业合作化后期发现的要求过急、工作过粗、改变过快、形式过于单一的缺点扩大了。在公社化的过程中，高指标、瞎指挥、浮夸风严重泛滥，大炼钢铁、大办工业等运动加剧了对农村人力、物力的无偿调拨，进一步助长了农村中的"共产风"，加上农业高估产带来的高收购，使我国农村经济陷入了混乱状态，粮食、油料、副食品供应出现严重不足的局面，影响了整个国民经济的协调发展。

自然灾害雪上加霜

1959 年全国出现了"受灾范围之大，在 50 年代是前所未有的"严重自然灾害，受灾面积达 4463 万公顷，成灾（收成减产 30% 以上为成灾）面积 1373 万公顷。尽管成灾占受灾面积比例达 30.8%，与历年比并不高，但集中在主要产粮区河南、山东、四川、安徽、湖北、湖南、黑龙江等省区的旱灾，占全国成灾面积的 82.9%，而且各种灾害交替出现，对粮食生长影响十分严重。全年成灾人口为 8043 万，超过 1949—1958 年平均数的 80% 以上，其中山东、湖北、四川各占 1000 万

干涸的田地

人。本年春荒人口达 9770 万人（主要指缺粮人口，包括外流逃荒、营养病、破产度荒、卖送儿女、非正常死亡人口），相当于 1949—1958 年各年平均值的 2.87 倍。

继 1959 年大灾害后，1960 年全国除西藏外又发生了新中国成立后最严重的，也是近百年少有的特大灾害，受灾面积达 6546 万公顷，成灾面积 2498 万公顷，受灾面积居新中国成立 50 年来首位。主要灾害是北方为主的持续

62

特大旱灾和东部沿海省区的严重台风洪水灾害。1960 年大灾害不仅面积超过以往，而且是在 1959 年灾害基础上连续发生，危害极大，成灾人口达 9230 万人，春荒人口高达 12980 万，相当于 1949—1958 年各年平均值的 3.8 倍。

1961 年，全国连续三年发生特大自然灾害，受灾面积 6175 万公顷，仅次于上年，为新中国成立以来第 2 位。而成灾面积达 2883 万公顷，其中四分之一绝收（减产 80% 以上为绝收）。成灾人口 16300 万，也超过了上年。本年春荒人口高达 21800 万，相当于 1949—1958 年各年平均值的 6.4 倍，占全国人口三分之一以上。

"三年自然灾害"在新中国成立以来自然灾害史中是空前绝后的，有资料显示：1958 年全国受灾面积 65571 万亩，1959 年 98812 万亩，1960 年全国受灾面积 92623 万亩，1978 年是全国受灾面积较大的一年为 72660 万亩。由此可见，这三年受灾面积确实大大高于新中国成立以来的任何一个时期。

除了天灾之外，由于"大跃进"的影响，国家制定了一系列的错误决策，加剧了灾害的后果。一是大办食堂，取消粮食定量，实行敞口吃饭，有的公共食堂半个月就吃掉了三个月的口粮。据国家统计局 1960 年 1 月的统计，全国农村已经办有公共食堂 391.9 万个，参加吃饭的有 4 亿人，占人民公社总人数的 72.6%，其中主要产粮

大办食堂

区的河南、湖南、四川等7省市区达90%以上。二是大量增加城镇和职工人数，据统计，1960年职工人数达到5969万人，比1957年增加2868万人，城镇人口1960年达到13000万人，比1957年增加3124万人，而全国农业劳动者人数由1957年的19310万人急剧下降到1958年的15492万人，占工农劳动者的比例由93.2%下降到77.8%。三是减少了粮食播种面积，据统计，1959年全国粮食播种面积为174034万亩，比1958年的191420万亩下降了9.1%，其中水稻播种面积下降9.1%，小麦播种面积下降8.5%。四是实行粮食高征购政策。为了支持工业"大跃进"，要求各地区加大征购指标，在发现农村缺粮难以完成的情况下，又进行了"反瞒产"斗争，强行征购。1959年全国粮食征购量、出口量达到新中国成立以来最高的674亿公斤和41.6亿公斤，即使到了严重遭灾的1960年，征购量和出口量仍高达510.5亿公斤和26.5亿公斤，出口量与丰收的1958年相等。

"天灾"加上"失误"，使得中华大地一片萧条，人们陷入极度贫困之中。自1959年春，全国普遍发生的饥荒、疾病、逃荒乃至饿死人的现象继续蔓延开来。1983年，经国务院批准，除了公布1982年普查数据以外，还公布了1953年和1964年两次人口普查数据。当时公布数字中，1960年人口总数比1959年减少1000万人（1959年为67207万人，1960年为66207万人），这个数字曾引起国内外媒体的强烈反响，日本共同社说："这是和平时期最大的人口事件。"而这又主要发生在农村，其中作为粮食主产区的省份，如河南、安徽、山东和四川等地，境况尤其艰难，非正常死亡人口也最多。据《安徽五十年》记载，"到1960年底全省人口只有3043万人，比1959年底减少11.21%"。1960年，河南农民人均全年粮食消费量仅为240斤、食油1.3斤、猪肉0.3斤。全省人口为4818万人，比1959年减少161万人，并发生了震动全国的"信阳事件"。

　　位于豫南的信阳地区，历史上素有"鱼米之乡""豫南粮仓"之称。信阳地区1956—1958年都是好年景，1959年减产，粮食总产量为30亿斤，按当年农业人口780万计算，扣除种子、饲料，人均占有口粮还在300斤以上。加之前3年风调雨顺收成好，社、队和群众都还有些家底，比历史上一般灾年的情况要好一些。但由于"反右派"、"大跃进"、"公社化"等原因，从1959年冬至1960年春，发生了非正常死亡100多万人的惨痛事件。

在"反右"运动中，信阳地区严重脱离实际，急躁冒进，强迫命令之风盛行，造成了实事求是作风荡然无存，领导者的"权威"大大加强，违反科学、蛮干之风骤起。在接下来的"大跃进"运动中，信阳地区更是掀起了新高潮，创造了新"奇迹"。其中造假最早、影响最大、风靡全国的便是信阳地委的重点——遂平县嵖岈山公社。这个社1958年夏首先放了一个亩产小麦3200斤的"大卫星"，接着，邻县西平放出小麦亩产7320斤的"特大卫星"。在省、地委的表扬鼓励下，嵖岈山办起了全国第一个人民公社，到8月，全地区实现了公社化。从此，信阳地区"左"风越刮越猛，造假越造越离奇。有些地方深翻土地要求达到五尺、八尺、一丈二，密植要求每亩下种一百、二百、三百斤，调集几十万劳力上山砍树劈柴炼钢铁，砸锅卖铁毁农具投入小土炉中放"卫星"。信阳县鸡公山公社水稻亩产48925.7斤，息县南瓜亩产202735斤，商城县日产铁29074.6吨，上蔡县一头母猪一次生下64只小猪仔……这个时期全区上下，城镇农村，土炉遍地，黑烟蔽日，红旗招展，锣鼓喧天，干部们整日挖空心思造"奇迹"，放"卫星"，送喜报。

经过一年多的运动，加上局部地方的水旱灾，1959年粮食产量比上年减产一半，只有30亿斤。但信阳地区的大部分领导却一致认为形势大好："大跃进创出大奇迹，大灾年夺得大丰收。"并在当年秋后向上级报了72亿斤的总产量，省委也就按72亿斤总产量下达了征购任务，在征购入库16.8亿斤后，征购任务就进行不下去了。此时，农业人口每人全年占有粮食只有160斤，扣除种子、饲料，人均口粮只有近100斤。夏粮已吃了几个月，在征购未完成之前，许多社、队就已没有粮食。

1958年10月起，大部分公共食堂断粮停伙，群众开始逃荒，饿死人事件相继发生。虽然出现了断粮停伙、农民外逃、饿死人等严重问题，但在巨大的政治压力下，社队干部不得不把种子、饲料和剩下的一点口粮作为"余粮"交了征购，但仍未完成征购任务。粮食上交了，食堂停伙了，谷糠、薯藤、野菜、树皮、草根吃光了，农民为活命外出逃荒。地委又下令把外逃群众当作"阶级敌人"和"流窜犯"对待，到处设卡拦截，当年冬季共拦截收容46万多人。

同时，1958年开始的"公社化"剥夺了农民的一切，不仅土地、牲畜、农具等生产资料被剥夺了，连维持生命的口粮也掌握在公社手中，种什么庄稼，下多少种子，一天吃几两粮食，都由公社干部定。公社和食堂把农民牢牢地束缚在本村的土地上，使之失去了包括外出谋生，逃荒活命在内的一切自由。

农民在失去这一切时，也丧失了生产积极性。把大减产说成大丰收，加上反瞒产、高征购，挤光了农民活命的口粮和农业再生产的种子。可怜的百姓只有倒毙在床头、路边。1960 年 12 月 17 日光山县委《关于"民主补课运动"的初步体会的报告》中称："这是全县几十万人民从未有的一次大惨祸","死亡人数 25 万,死绝的户数就有 5647 户。城郊公社高店大队吴围子小队 120 人中,饿死 72 人,占总人口的 60%,16 户死绝。北向店公社李大畈大队被打死、饿死 1503 人,占总人口的 62.6%。"当时的光山县"房倒屋塌家徒四壁,一贫如洗、人人戴孝,户户哭声"。据 1960 年春,中央调查组历时 3 个月逐县逐社调查的情况,信阳地区非正常死亡人数达 105 万!

历史的教训是惨痛的,当我们揭开这块血淋淋的伤疤时,除了内心的剧痛,更多的应该是反思。现实经验可以说服人,历史经验也可以说服人。历史的要义在总结经验,了解了历史的经验,就可以了解现实经验的来龙去脉,有助于加深对现实经验的了解。有了历史经验和规律的研究和把握,就可以更清晰地知道前进的方向和道路。前事不忘,后事之师,作为各级领导干部和共产党员只有牢固树立全心全意为人民服务的宗旨,始终坚持把人民的利益放在第一位,始终坚持实事求是的思想作风和工作作风,才能保证类似的惨剧不再重演。

惨痛的教训

从 1953 年到 1978 年的 25 年时间里,我国的农业发展先后经历了合作化运动、"大跃进"和人民公社运动，其中还发生了空前绝后的"三年经济困难时期"。这25年，是我们研究探索社会主义道路过程中遇到困难和挫折的25年，也是出现严重失误的25年。

从主观愿望上看，中国进入社会主义社会以后，全党和全国人民存在一种共同的愿望，希望中国能够在短时间内迅速发展经济，摆脱长时期"一穷二白"的落后面貌。作为党和国家领导人的毛泽东感触最深，他说："中国经济落后，物质基础薄弱，使我们至今还处在一种被动状态，精神上感到还是受束缚，在这方面我们还没有得到解放。"可以说党和政府在制定政策时的出发点是好的，这一点到任何时候都不能否认。但是，从客观实际看，经济建设有自身的发展规律，生产关系的改变必须依据生产力的发展状况，离开了这些，仅仅凭借一种愿望来从事社会主义建设，必然走向反面，最终损害了广大人民群众的积极性。在这25年时间里，许多党员干部包括领导干部，忘却了谦虚谨慎，滋长了骄傲自满，忽视了实事求是，对在中国这样一个经济文化落后的大国建设社会主义的艰巨性认识不足，凭主观愿望和意志办事，头脑发热，急于求成，造成了经济建设指导方针上的严重失误，致使我国的经济发展长期停滞不前，人民的生活水平始终在低层次徘徊。

据统计，从实现高级社之后的1957年到改革之前的

1978 年这 21 年间，我国粮食的总产量增长了 58.1%，平均每年增长 2.2%；棉花总产量增长了 50%，平均每年增长 1.95%；油料总产量增长了 2.6%，平均每年仅增长 0.12%。以这三种主要农产品的全国人均占有量来看，1957 年人均占有粮、棉、油分别为 306 公斤、2.6 公斤和 6.6 公斤，但到 1978 年全国每人平均占有粮、棉、油的数量分别为 318.7 公斤、2.3 公斤和 5.1 公斤，历时 21 年，人均占有的粮食数量仅增加了 12.7 公斤，平均每年 635 克；而人均占有的棉花和油料，反倒分别减少了 11.5% 和 16.69%。事实说明这种"大一统"的农村经济体制，严重制约了农村生产力的发展。

农民为这个体制所付出的代价也是相当高昂的。自实行高级社的统一分配制度以来，农村人口平均从集体经济组织分配的年收入，从 1957 年的 40.5 元，提高到了 1978 年的 73.8 元，21 年间，来自集体的人均分配收入，只增加了 33.3 元，年均只增加 1.59 元。而从集体得到的分配收入中，现金收入只从 1957 年的 14.2 元增加到 1978 年的 18.97 元，21 年间只增加 4.77 元，平均每年增加 0.23 元。到 1977 年，年人均分配收入水平在 50 元以下的生产队有 180 万个，占全国生产队总数的 39%。农民人均分配到的口粮（原粮），1957 年为 203 公斤，到 1977 年只增加到 208 公斤，20 年间平均每年只增加 250 克。农民的人均粮、油消费水平，折成贸易粮和食用植物油之后，

实际是下降的。1957 年农村人口平均消费贸易粮 204.5
公斤、食用植物油 1.85 公斤，但到 1977 年，农村人口平
均消费贸易粮为 187.5 公斤、食用油为 1 公斤，降低了
8.3％和 45.9％。农民和非农业居民之间的年平均消费水
平差距也在扩大。1957 年，农民人均年消费水平为 79
元，非农业居民为 205 元，两者的比例为 1∶2.6；至
1977 年，农民人均消费水平为 124 元，非农业农民为 361
元，两者的比例扩大为 1∶2.9。

　　从对以上数字的分析不难看出，在 20 多年间实行单
一公有制和统一经营、统一分配的体制，农村经济发展的
这种状况，是大多数农民所无法容忍的。而即便是在这样
的情况下，还要一次次地搞"以阶级斗争为纲"的运动，
死死地将农民捆在一起，搞生产上的"大呼隆"、分配上
的平均主义大锅饭，将农民束缚在耕地上，劳动力没有半
点儿流动的余地，更不让发展家庭副业，不允许开展市场
交易，并一次次地"割资本主义尾巴"。可以说，农民对
这一切的忍耐已经到了极限。所以，政策稍有松动，一场
农民渴望已久的体制大改革，就必然会势不可当地到来。

第四章　农业的第二个春天

　　1978 年 12 月，中共中央召开十一届三中全会，重新确立了马克思主义的思想路线、政治路线和组织路线，决定实行改革开放的重大决策。从此，中国社会进入了高速发展的新时期。与此同时，广大农民迫切要求改革现有农业经营体制的呼声也越来越高，一场以家庭联产承包责任制为标志的农业改革在中华大地悄然兴起。

集体经济时期的"包产到户"

　　"包产到户"这种农业经营形式，实际上并不是在党的十一届三中全会之后才被农民创造的。早在 1956 年秋天高级社刚刚普及时，"包产到户"就已经出现过，后来在 20 世纪 50 年代末 60 年代初，又曾两次出现。

　　从 1955 年夏到 1956 年年底，全国农村普遍实现了土地等生产资料公有的高级社。高级社最突出的问题，就是

72

无法客观公正地评价每个人所付出劳动，无法实现劳动与报酬的统一。在生产劳动的实践中，大家发现，只有联系农作物的最终产量来计算劳动者的报酬，才能准确地评价劳动者所付出的劳动。于是，就出现了"生产到队"、"包产到组"和"包产到户"。总之，农民感到，根据农业生产的特点，"包"的单位越小，评价劳动者所付出劳动的准确性就越高，而包到了户之后，家庭内部的劳动成员之间就可以不必计较谁付出的劳动多少，生产管理的成本就最低，社员之间因计算报酬问题而发生纠纷和摩擦的可能性也最小。因此，1956年秋，安徽、四川、江苏、浙江、河北、广东等许多地方的农村，都实行了以"包产到户"为特征的农业生产责任制。

但是，1957年8月8日，中央发出《关于向全体农村人口进行一次大规模的社会主义教育的指示》，把"包产到户"划入了"企图搞倒退、企图引导农民走资本主义道路"的范畴。至此，第一次"包产到户"从1956年秋开始，到1957年8月农村开展社会主义教育为止，历时不到一年，就被戴上"资本主义"的帽子而压了下去。

第二次"包产到户"发生于1959年夏季。由于1958年夏秋之交迅速实现了人民公社化之后，经济工作中出现了大量违背自然和经济规律的现象，农村的生产力受到了极大的破坏，农民的生产积极性也受到严重的挫伤。一些较早从"大跃进"的狂热中清醒过来的地方，意识到这样下去，农村的生产和农民的生活都将难以维持。于是，从1959年5月开始，农村中的一部分地区，开始自行改变人民公社时期那种"大呼隆"、"大锅饭"的经营管理办法。有的地方改变了所谓"基本队有制"（即生产大队所有制），而以生产小队为基本核算单位，或是名义上保留大队为基本核算单位，但实际上将分配权下放到了生产小队；有的地方则又直接搞起了"包产到户"，或是扩大自留地、允许大搞家庭副业等。但刚刚开始搞，党内又掀起了一场反右倾的运动，"包产到户"又被压了下去。

时隔不久，办人民公社、搞"大跃进"时大刮"五风"的恶果，在全国农村大面积表现出来，农民生活极端困苦，基本生存受到严重威胁。在许多地方，集体经济已经没有实力来解决农民所遇到的吃不饱、饿肚子的燃眉之急，于是"包产到户"再次悄然而起。迫于生存压力，从安徽省发源的第三次"包产到户"现象在当时各地农村相当广泛，许多地方都搞起了"包产到户"的实验田。人们对"包产到户"的看法，仍然是分歧极大的，农民愿意搞"包产到户"，一部分干部也支持，但对此持反对意见的也不在少数。

在此期间，经过对农村经济体制问题的反复研究，1962年2月13日，中共中央发出《关于改变农村人民公社基本核算单位问题的指示》，明确农村人民公社的基本核算单位定在生产队（即原来的生产小队）一级。党中央认为，将农村人民公社的基本核算单位变为小队以后，农村经济体制中的问题就已基本解决，而且，要坚持农村的集体经济，维持生产小队的统一经营和统一分配，也已是最后的防线，再退势必退到单干。因此认为再搞"责任田"之类的试验已无必要。从此以后，直到改革之前的16年时间里，包产到户就再也没有抬过头。从1956年到1962年，短短的6年间，"包产到户"经历了三起三落，每次"起"，都是农民群众自发的；而每次"落"，则都是通过搞阶级斗争，被批下去、压下去的。

改革开放后的"包产到户"

改革开放后的"包产到户"，也是发源于安徽省。安徽省凤阳县小岗村从1966年到1976年间人均粮食和收入统计，最好的年景每人每天9两粮食，收入0.11元；最差的一年每人每天2.8两粮食，收入0.04元。小岗村当时共有20户人家、115人，除了1户外，其他户每年都要外出讨饭。穷则思变，在巨大的生存压力下，1978年12月的一个晚上，小岗村18户农民冒着风险召开了一次秘密会议，立

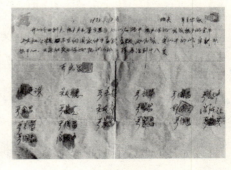

大包干契约

下了大包干"契约"。他们没有想到，这次会议和这份"契约"，揭开了我国农村联产承包和大包干改革的序幕，在我国农村改革的历史上产生了深远的影响。

昔日的小岗村茅草房

1979 年年底，小岗人一年来辛勤的汗水，终于使"包干到户"结出了丰硕果实。全年全队粮食总产 132370 斤，相当于 1966—1970 年 5 年粮食产量总和；油料总产 35200 斤，生猪饲养量达 135 头，超过历史上任何一年。全年的粮食征购任务 2800 斤，过去 23 年一粒未交还年年吃供应，当年向国家交售粮食 24995 斤，超额 7 倍多。油料统购任务 300 斤，过去统计表上这一栏从来都是空白，还卖给国家花生、芝麻共 24933 斤，超过任务 80 多倍。全队第一次归还国家贷款 800 元，并可卖肥猪 35 头，全队留储备粮 1000 多斤，留公积金 150 多元。

虽然小岗村实行大包干仅 1 年时间，就发生了天翻地覆的变化，但在当时的中国农村改革还处于起步阶段，"包产到户"、"分田单干"仍被视为洪水猛兽，是中国农业的"禁区"。

1980 年 3 月，邓小平在听取安徽农村包产到户情况的汇报后，指出："政策一定要放宽，使每家每户都自己想办法，多找门路，增加生产，增加收入。有的可包产到组，有的可包给个人，这个不用怕，这不会影响我们社会主义制度的性质"。对"包干到户"来说，邓小平的讲话，无

今日的小岗村一角

疑是划时代的声音。邓小平明确指出，包产到户不会影响社会主义制度的性质，这是自"文化大革命"结束以来，中央领导人首次对包产到户作出肯定的表态。

　　发表讲话的两个月后，邓小平于 5 月 31 日再次就农村改革发表重要谈话，对大包干给予充分肯定和支持。邓小平说："农村改革放宽以后，一些适宜搞包产到户的地方搞了包产到户，效果很好，变化很快。安徽肥西县绝大多数生产队搞了包产到户，增产幅度很大。'凤阳花鼓'中唱的那个凤阳县，绝大多数生产队搞了大包干，也是一年翻身，改变面貌。有的同志担心，这样搞会不会影响集体经济，我看这种担心是不必要的。实行包产到户的地方，经济的主体现在也还是生产队"。邓小平还特别强调指出："从各地的具体条件和群众的意愿出发，这一点很重要"，"总的说来，现在农村工作中的主要问题还是思想不够解放。"

　　邓小平在不到两个月的时间内，两次就农村改革发表

谈话，对于当时人们在这个问题上进一步解放思想、打破禁区起到了关键作用，为全国农村的改革指出了方向。

时任国家农业委员会副主任的杜润生同志对于推进包产到户并使之成为制度政策，起了重大作用。他认为在当时的情况下，要解决农民吃饭问题，发展农业经济，最根本的是调动农民种地的积极性。要调动农民积极性就必须实行包产到户。为了得到社会的认同，他从解决极端贫困地区农民的吃饭入手，提出在这些地区实行包产到户，进而将这一农业制度推向全国。为了表彰他的功绩，2008年11月29日，董辅礽经济科学发展基金会联合中国社会科学院研究生院、北京大学经济研究所、中国人民大学经济研究所、武汉大学经济研究所共同组办的中国经济学家年度论坛，将首届中国经济理论创新奖颁给了杜润生和中国农村发展问题研究组的农村家庭联产承包责任制理论。

至此，家庭联产承包在全国得到了迅速发展。到1980年年底，安徽全省实行"包产到户"、"包干到户"的生产队已发展到总数的70%。与此同时，四川、贵州、甘肃、内蒙古、河南等地，"包产到户"也在或公开或隐蔽地发展着。到1980年秋，全国实行双包到户的生产队已占总数的20%；1981年年底，扩大到50%；1982年夏季，发展到78.2%，到了1983年春，全国农村双包到户的比重已占到了95%以上。至此，"包产到户"、"包干到户"实际上自 20 世纪 80 年代初以来，就已经成为我国农业的主要经营形式。

党的政策的转变，对于家庭联产承包制迅速地确立起自己的地位，起到了不可估量的作用。1980 年 9 月中共中央印发了《进一步加强和完善农业生产责任制的几个问题的通知》（即中央 1980 年 75 号文件）。文件中关于"边远山区和贫困落后地区可以搞包产到户、包干到户"的规定，承认了包产到户、包干到户的合法性，对包产到户、包干到户起到了巨大的推动作用。有了这样一条政策，农民就可以放心地搞包产到户和包干到户了。

1982 年 1 月，中共中央、国务院发出的关于农村经济政策的第一个"1 号文件"中明确指出："一般地讲，联产就需要承包。联产承包制的运用，可以恰当地协调集体利益与个人利益，并使集体统一经营和劳动者自主经营两个积极性同时得到发挥，所以能普遍应用并受到群众的热烈欢迎。""承包到组、到户、到劳，只是体现劳动组织的规模大小，并不一定标志生产的进步与落后。""包工、包产、包干，主要是体现劳动成果分配的不同方法。包干大多是'包交提留'，取消了工分分配，方法简便，群众欢迎。"这就使联产、承包、到户乃至"包干"，都有了存在和发展的政策依据。

同时，由于多年"左"倾思想的影响，一些省区领导认为包产到户是倒退，持消极抵触态度。为了推进这一

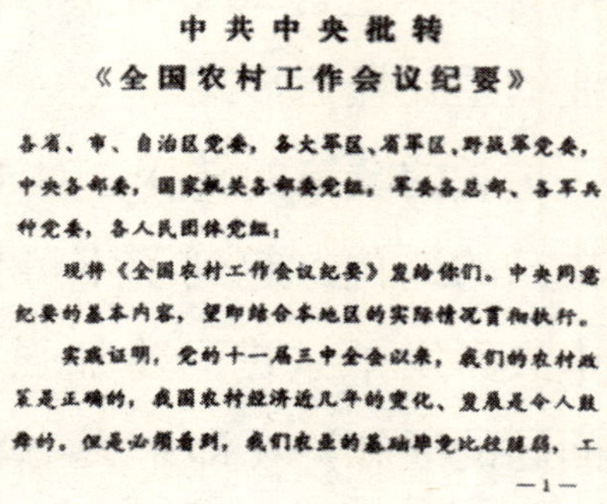
中共中央批转
《全国农村工作会议纪要》

各省、市、自治区党委，各大军区、省军区、野战军党委，中央各部委，国家机关各部委党组，军委各总部、各军兵种党委，各人民团体党组：

现将《全国农村工作会议纪要》发给你们。中央同意纪要的基本内容，望即结合本地区的实际情况贯彻执行。

实践证明，党的十一届三中全会以来，我们的农村政策是正确的，我国农村经济近几年的变化、发展是令人鼓舞的。但是必须看到，我们农业的基础毕竟比较脆弱，工

—1—

1982 年中央 1 号文件

政策的落实，中央对那些无所作为的省地领导采取“不换思想就换人”的办法，将具有改革精神和创新思想的同志用到领导岗位，大大推进了联产承包责任制的进程。

1983 年 1 月 2 日，中共中央发出了《关于印发〈当前农村经济政策的若干问题〉的通知》（即第二个“1 号文件”）。文件指出：“党的十一届三中全会以来，我国农村发生了许多重大变化。其中，影响最深远的是，普遍实行了多种形式的农业生产责任制，而联产承包制又越来越成为主要形式。联产承包制采取了统一经营与分散经营相结合的原则，使集体优越性和个人积极性同时得到发挥。这一制度的进一步完善和发展，必将使农业社会主义合作化的具体道路更加符合我国的实际。这是在党的领导下我国农民的伟大创造，是马克思主义农业合作化理论在我国实践中的新发展。”至此，以家庭联产承包为主的责任制，已经成为我国农村集体经济组织中普遍实行的一种最基本的经营形式。

从"包产到户"到"包干到户"

　　"包产到户"这种形式自建立高级农业生产合作社的1956 年开始，为了对抗过分集中而导致"大呼隆"、"大锅饭"的农业经营体制，不少地方的农民就曾自发地、反复地实行过。虽然在当时的历史条件下，"包产到户"的经营形式一次次地被强行地压制下去了，但农民对于在集体土地上搞"包产到户"获得明显效益的记忆是深刻的，经验也是成熟的。因此，农村政策稍一放宽，农民就自然而然地再次选择了"包产到户"。实行"包产到户"后，农民得到了两大好处：一是联产计酬。生产队以各家各户承包地上的产量来确定分配标准，与过去相比，按劳分配的原则得到了更充分的体现。二是支配自家劳动力的自由。各家各户可以根据自己承包地上的需要来自行安排家庭劳动力的使用，再不必像过去那样由生产队统一安排出工和集中劳动。

　　但是实行"包产到户"后，土地虽然承包到户，而土地上的产品仍然是由生产队统一支配的。因此，"包产到户"实际上是农民分户劳动、产品统一支配、集体统一核算、收入统一分配，生产队仍然是农业和农村经济的基本核算单位，而农户并没有成为真正的经营主体。毫无疑问，如果只是实行"包产到户"，人民公社的体制就必将继续延续。而这显然是广大农民所不能接受的，也不符合农业生产的客观规律。

在广大农民的强烈要求和实际推动下，继续深入的农村改革迅速将"包产到户"进一步推向了"包干到户"。"包干到户"与"包产到户"虽只是一字之差，但内涵却有着重大差别。中共中央1982年1号文件指出："包干到户这种形式，在一些生产队实行以后，经营方式起了变化，基本上变为分户经营、自负盈亏"。"包干大多是'包交提留'，取消了工分分配，方法简便，群众欢迎"。用群众的话说，就是"大包干、大包干，直来直去不拐弯，交够国家的，留足集体的，剩下都是自己的"。因此，大包干的经营方式，不仅彻底打破了以生产队为单位统一支配产品、统一经营核算、统一收入分配的"大锅饭"体制，而且使农户真正变成了农业和农村经济的经营主体。也正是因为"包干到户"经营方式的普及，1983年10月12日，中共中央、国务院发出《关于实行政社分开建立乡政府的通知》，废除了在农村实行长达25年之久的人民公社政社合一的体制。"包干到户"的经营方式，是农村经济改革在农业经营体制方面所取得的最重要的制度性成果。

从人民公社生产队的统一经营、统一核算、统一分配，到"包产到户"的农民分户经营、集体统一核算和分配，再到"包干到户"的农民分户经营、自负盈亏，表面看来是农村经济核算体制的变化，但实际上推动这种变化的始终是农村集体土地经营体制的变革。变革的焦点，始终围绕着是否使农户真正成为土地的自主经营者。而农村改革前后正反两方面的经验已经充分说明，这就是能否真正调动农民积极性的关键所在，这也是是否在经济上保障农民物质利益、在政治上尊重农民民主权利的根本所在。因此，可以说农村的经济改革，最本质的实际上就是农村土地经营制度的改革。党的十一届三中全会以来所形成的党在农村的一系列基本政策，都是在土地集体所有、农民分户承包、家庭自主经营、农户自负盈亏的经营制度基础上形成的。因此，改革以后确立的农村集体土地"以家庭承包经营为基础、统分结合的双层经营体制"，实际上就是党的整个农村政策的基石。

从"15年不变"到"长久不变"

改革序幕拉开后，农村形势发展很快，到1983年年底，农村基本上实行了以家庭承包经营为基础、统分结合的双层经营体制。自此以后，分包到户就成为农业的主要经营形式。实行分包到户极大地调动了亿万农民的生产积极性，有力地促进了这一阶段农业生产的超常规增长。在看到这一经营形式对农业生产发展的促进作用以后，中央开始考虑将这一制度稳定下来。为了给农民以稳定的心理

1984 年中央 1 号文件

预期，1984 年的中央 1 号文件（即《中共中央关于一九八四年农村工作的通知》）明确规定："土地承包制一般应在 15 年以上。在延长承包期以前群众有调整土地要求的，可以本着'大稳定、小调整'的原则，经过充分商量，由集体统一调整"。这是第一次以中央文件的形式规定了农村土地的承包期。

1987 年中央关于《把农村改革引向深入》对稳定家庭承包经营制度再次进行了强调，"要进一步稳定土地承包关系。只要承包户按合同经营，在规定的承包期内不要变动，合同期满后，农户仍可连续承包。已经形成一定规模、实现了集约经营并切实增产的，可以根据承包者的要求，签订更长期的承包合同"。1991 年《中共中央关于进一步加强农业和农村工作的决定》提出，"把以家庭联产承包为主的责任制、统分结合的双层经营体制，作为我国乡村集体经济组织的一项基本制度长期稳定下来，并不断充实完善。把家庭承包这种经营方式引入集体经济，形成统一经营与分散经营相结合的双层经营体制，使农户有了生产经营自主权，又坚持了土地等基本生产资料公有制和必要的统一经营。这种双层经营体制，在统分结合的具体形式和内容上有很大的灵活性，可以容纳不同水平的生产力。具有广泛的适应性和旺盛的生命力。这是我国农民在党的领导下的伟大创造，是集体经济的自我完善和发展，绝不是解决温饱问题的权宜之计，一定要长期坚持，不能有任何的犹豫和动摇"。

由于各地实行土地承包的时间不同，20世纪90年代中期以后，许多地区15年承包期已经到期或即将到期，土地承包到期后怎么办成为农民普遍关注的问题，在这种背景下，1993年11月中央公布了《关于当前农业和农村经济发展若干政策措施》，要求："为了稳定土地承包关系，鼓励农民增加投入，提高土地的生产率，在原定的承包期到期后，再延长30年不变；开垦荒地、营造林地、治沙改土等从事开发性生产的，承包期可以更长"。1998年秋天，时任中共中央总书记江泽民同志在考察包产到户发源地安徽小岗村时就明确讲到，"稳定家庭承包经营，核心是要稳定土地承包关系"。当时，全国正在推行第二轮承包工作，也就是"三十年不变"政策。为了给农民真正吃"定心丸"，江泽民同志代表中央对农民作出了承诺："中央关于土地承包的政策是非常明确的，就是承包期再延长三十年不变。而且三十年以后也没有必要再变。"

1998 年 10 月中央通过了《关于农业和农村工作若干重大问题的决定》，这份文件全面总结了农村改革 20 年的基本经验，肯定了实行家庭联产承包责任制的改革成效，指出"家庭承包经营具有广泛的适应性和旺盛的生命力，必须长期坚持"，并在概念上把这种责任制形式确定为以家庭承包经营为基础、统分结合的双层经营体制。2008年 10 月 12 日，党的十七届三中全会通过了《中共中央关于推进农村改革发展若干重大问题的决定》。在该《决定》的第三部分中有这样的表述："赋予农民更加充分而有保障的土地承包经营权，现有土地承包关系要保持稳定并长久不变。"显然，"长久不变"这一新提法是该《决定》的一大亮点。

乡镇企业的崛起

我国的乡镇企业出现于 20 世纪 50 年代，即在大办人民公社时期由人民公社兴办的非农业企业，当时称之为"社队企业"。1983 年年底，以家庭承包责任制为主的农村经济改革已基本完成，同时这一年撤销了政社合一的人民公社体制，建立乡（镇）人民政府，并相应撤销了生产大队和生产队，建立了村民委员会，原有的社队企业归全乡（镇）或全村农民所有。1984 年发布的中共中央 1号文件明确，农民可以创办个体或联户办企业，由此开始，农民办的非农企业已不再局限于公社和大队两级。为了适应农村经济体制变动和农村非农企业的实际状况，1984年在中央转发农牧渔业部《关于开创社队企业新局面的报告》中，正式将社队企业更名为乡镇企业，并规定乡镇包括社（乡）队（村）兴办的企业、部分社员（农户）联营的合作企业、其他形式的合作工业和个体企业。报告同时指出："乡镇企业是农村多种经营的重要组成部分，是农业生产的重要支柱，是广大农民走向共同富裕的重要途径，是国家财政收入新的重要来源，乡镇企业已经成为国民经济的一支重要力量，是国营企业的重要补充。"在这一年，全面的经济体制改革开始启动，逐步消除了计划经济体制对乡镇企业发展设定的政策限定。由此，中国农村乡镇企业的发展以乡办、村办、其他形式合作办、农民联户办、个体办五种形式开始走上调整增长的轨道。

从1979年4月起，我国国民经济开始了为期3年的调整，社队企业在规模、行业和产品结构方面也相应进行了调整。至1983年，企业个数比1978年减少了11.7%，职工人数增加了408.1万人，平均每年增加81.6万人，企业总收入增长115.3%，年递增率为16.6%，高于全国社会总产值年平均递增8%的速度，也高于全国工农业总产值年平均递增7.7%的速度。社队企业的总产值在全国社会总产值的比重，由1979年的7.1%提高到9.1%。社队工业总产值达 757.1 亿元，比 1978 年增长 96.5%，占全国工业总产值的 11.6%。这 5 年，社队企业的固定资产（原值）平均每年增加 49.2 亿元，到 1983 年达 475 亿元。

"十五"期间农民人均净增纯收入四成以上来自乡镇企业

自 1984 年以来，乡镇企业经历了 1984—1988 年、1992—1997 年、2003—2008 年三轮超常规的发展跃升，已经成为我国农业经济的重要组成部分。据统计，2009 年，全国乡镇企业实现增加值 92500 亿元，同比增长 10%，其中工业增加值 64500 亿元，同比增长 9.68%；完成营业收入 381600 亿元，同比增长 9.72%；实现利润 22400 亿元，同比增长 8.18%；上交税金 9500 亿元，同比增长 8.39%，增幅比上年回落 4.49 个百分点；出口交货值 30000 亿元；支付劳动者报酬 17000 亿元，同比增长 7.39%。全年累计完成工业总产值 265000 亿元，实现工业销售产值 251000 亿元，产品销售率为 94.72%。乡镇企业的发展为我国的农业经济增加了活力，为农民就业和增收，为保民生、保稳定作出了重要贡献。

家庭联产承包责任制的历史贡献

家庭联产承包责任制，是中国农民的伟大创造，它创新了农村集体经济的经营体制，在取消了人民公社的情况下没有走土地私有化的道路，而是实行家庭联产承包为主，统分结合、双层经营，这既发挥了集体统一经营的优越性，又调动了农民生产积极性，是适应我国农业特点和农村生产力发展水平以及管理水平的一种较好的经济形式。由于这种形式适应了当时的农业发展形势，使得中国农业生产和农业经济得到迅猛发展。

1978—2006 年我国主要农业产品产量居世界位次

单位：万吨

农业产品	1978 年		2006 年		2006 年比 1978 年增长
	产量	位次	产量	位次	倍
谷物	27304	2	44237	1	1.62
大豆	757	3	1597	4	1.1
棉花	217	3	675	1	2.1
花生	238	2	1467	1	5.2
油菜子	187	2	1265	1	5.8
甘蔗	2112	7	9978	3	3.7
茶叶	27	2	103	1	2.8
水果	657	9	17240	1	25.2
肉类	1103	3	8051	1	6.3

家庭联产承包责任制激发了广大农民生产的积极性，

促进了我国农村经济的大发展和人民生活水平的提高。据统计资料显示，1978 年我国农林牧渔总产值为 1397.0 亿元，到 1984 年已增长到 3214.1 亿元，短短的几年间就增加了 1817.1 亿元。粮食总产量达到了创纪录的 40730.5 万吨，比 1978 年增长 33.65%；棉花总产量达到 625.8 万吨，比 1978 年增长 1.89 倍；油料总产量达到 1191 万吨，比 1978 年增长 1.28 倍；糖料总产量达到 4780 万吨，比 1978 年增长 1.01 倍；水果总产量达到 984.5 吨，比 1978 年增长了 33.27%；猪牛羊肉总产量达到 1540.6 万吨，比 1978 年增长了 78.04%。由于农业生产力的提高，提供了充足的农副产品，满足了人民对农副产品的需求，农村改革只用了五六年时间，就结束实行长达 30 多年的凭票证供应的时代，极大地繁荣了城市经济，提高了人民的生活和健康水平。

家庭联产承包责任制促进了农业内部产业结构的调整。长期以来，由于政府片面强调"以粮为纲"，忽视经济作物和多种经营，搞单一经济，造成农业内部比例结构严重失调，导致农业发展缓慢，经济效益低下。家庭联产承包责任制实施后，农民有了经营自主权，副业和经济作物得到迅速发展，相当多的地方已成为主导产业，成为农民致富的又一渠道。据资料显示，1978 年我国农林牧渔总产值构成（总产值＝100）中，农业、林业、牧业和渔业占的比重分别为 80.0：3.4：15.0：1.6；到 1984 年，农、林、牧、渔各业占总产值的比重变为 74.2：5.0：18.3：2.6。由此可以看出，长期以来农业生产以种植业为纲的状况有所改善，中国农业向农林牧渔业平衡发展迈进了一步。

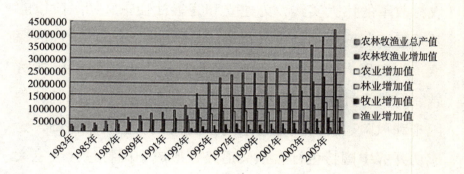

改革开放后农林牧渔业总产值构成

　　家庭联产承包责任制极大地解放了农村劳动力，为我国的经济发展提供了大量的廉价劳力资源。从土地上解放出来的农村剩余劳动力，一方面就地办起乡镇企业，自发地向二、三产业转移；另一方面大量进入城镇，参与制造业和二、三产业和基础设施建设。大批农民工的出现，丰富了城镇的劳动力资源，弥补了城市劳动力供给的结构性不足，有效地抑制了劳动力成本的上升速度，为发挥我国劳动力资源优势，提高企业的竞争力铺平了道路。农民工依靠低廉的劳动力成本，为国家经济发展和民营企业家的原始积累作出了贡献。据测算，全国平均每个农民工每年创造的 GDP 是 2.5 万元，2.25 亿农民工创造的 GDP 就是 5.4 万亿元，我国经济连续多年保持 9% 以上的高速增长，农民工功不可没。

党的十七届三中全会公报对联产承包责任制的成功经验和历史贡献，做了深刻的总结和高度评价。公报指出：农村改革的伟大实践，为建立和完善社会主义初级阶段的基本经济制度和社会主义市场经济体制进行了创造性的探索，为实现人民生活从温饱不足到总体小康的历史性跨越、对推进社会主义现代化作出了巨大贡献，为战胜各种困难和风险、保持社会大局的稳定奠定了坚实的基础，为成功开辟中国特色社会主义道路、形成中国特色社会主义理论体系积累了宝贵的经验。可见，家庭联产承包责任制的出现，对建设有中国特色社会主义，提高我国的全面建设水平具有重大的理论指导意义和深远的历史意义。

家庭联产承包责任制在中华大地的燎原之势再一次说明，中国农民追求变革的激情和愿望从来都不缺乏，人民群众才是推进社会历史进步的主人。

第五章　面临的困惑

1990 年 3 月 3 日，邓小平在《国际形势和经济问题》中总结农村改革经验时，曾提出关于中国社会主义农业改革与发展"两个飞跃"的思想。他指出："中国社会主义农业的改革与发展，从长远的观点看，要有两个飞跃。第一个飞跃，是废除人民公社，实行家庭联产承包为主的责任制。这是一个很大的前进，要长期坚持不变。第二个飞跃，是适应科学种田和生产社会化的需要，发展适度规模经营，发展集体经济。这是又一个很大的前进，当然这是很长的过程。"

1992 年 7 月，邓小平在审阅党的十四大报告稿时，重申了这个思想，指出："要提高机械化程度，利用科学技术发展成果，一家一户是做不到的。特别是高科技成果的应用。有的要超过村的界线，甚至超过区的界线。仅靠双手劳动，仅是一家一户的耕作，不向集体化集约化经济发展，农业现代化的实现是不可能的。就是再过一百年二百年，最终还是要走这条路。"邓小平关于"两个飞跃"的战略思想，既充分肯定实行家庭联产承包责任制的历史性贡献，又指出我国农村改革和发展的本质要求是向集体化、集约化经济发展，最终实现农业现代化。

我国农业发展的现实情况也印证了这一论断。实行家庭联产承包责任制以后，农业生产高速发展，农民生活水平得到极大改善，但进入90年代以来，家庭联产承包责任制又遇到了一些困难，新问题一个接一个地出现，新的困惑引发了人们对农业如何持续发展的深入思考。

市场经济到底由谁说了算

经过30多年的改革开放，我国已经基本实现了由计划经济向市场经济的转变。特别是加入WTO后，国际化大市场给我国的各行各业带来了巨大的冲击和挑战。谁适应了市场经济发展的规律，谁就能够在激烈的竞争面前立于不败之地；谁违背了市场，谁就会一败涂地，甚至血本无归。

这些年来，有粮食卖不出去的时候，有生猪卖不出去的时候，也有蔬菜价钱大起大落的时候，有时候伤民、有时候伤农。2011年就是一个典型的例子，4月以来，北京市大兴区蔬菜示范园种植的油菜，2010年卖1.7元，2011年最高却只卖到0.15元，而实际上要卖到0.6元才能够保本，卖菜的钱不够收菜人的工资，只有铲掉烂在田间；上海金山农民将数百万斤滞销蔬菜喂了铁牛（用拖拉机碾碎）；广州市场上的包菜、芥菜、小白菜每斤0.2元都很难卖出，油麦菜、生菜每斤0.05元都没人要；山东省济宁市金乡县几百个冷库里的3亿多斤大白菜，卖出价不抵库存费用，最后

番禺菜农将已经老的菜扔掉

只能当作垃圾处理。4月16日济宁市唐王镇39岁菜农韩进因为种的卷心菜价格跌到每斤0.08元造成严重亏损，留下妻子和两个未成年的女儿自杀身亡；5月2日江西菜农胡胜华的妻子阿珠铲掉自己种在白云区江高镇

菜农用大型机械碾碎卷心菜

田里的大片蔬菜后喝农药自杀……接二连三的悲剧让我们看到了市场经济竞争的极端残酷。

过去一年，全国猪肉价格一路飙升至历史新高，带动

了 CPI 的狂涨。以 2011 年 6 月为例，居民消费价格指数同比上涨 6.4%，其中猪肉价格上涨 57%，对 CPI 涨幅带动超过两成。猪价高涨并没有激发农民养猪的热情，由于饲料贵、猪种贵、人工贵，又脏又累一年下来，养几头猪还不如外出打工一个月赚得多。因此，海量的散养户纷纷离场，一批资金实力雄厚、政府资源强大的超级大户纷纷跑马圈地，房地产商刘远德投资 1.5 亿元兴建广州最大养猪场，联想投资和九州投资向常州一家"养猪"的畜牧公司注资约 3 亿元，新希望集团宣布 5 年内要在辽宁投资50 亿元养猪和鸡鸭，中粮集团与日资企业合资投资百亿从事养猪、鸡和肉类加工等。市场经济这只无形的大手，使得养猪这个河姆渡时期就已存在的古老行当，走到了以农户为单位的传统农业和以规模经营为基础的现代农业的分岔口。

农产品价格上涨由消费者买单，价格下跌又由农民承受。客观上粮食、蔬菜种植和肉禽养殖存在滞后期，而政府没有及时引导，市场信息不畅，导致农产品暴涨暴跌，农民利益受到伤害。但深层次的原因，还是由于滞后的农业经济生产方式与高度发展的市场经济要求不相适应。当前，我国的农业仍然停留在传统的一家一户的小农经济上，农民在规划来年的农业生产时，主要是凭自己的经验和去年农产品的价格情况，以这种原始、朴素的理性认知决定种什么、养什么，种多少、养多少。在瞬息万变的市场面前，这种认知显得格外脆弱，也注定了农民需要背负巨大的市场风险。

要避免这种悲剧的发生，正途在于专业化，唯有组织的规模化，才可能实现对市场供求的专业化分析，才可能避免价格风险。山东寿光、肥城等地的蔬菜出口基地，基本上都实行公司+农户的组织化模式，年初公司就和菜农签订了产销合同，价格在种植之前已经定好，农民只管种植，不需要考虑销售和价格问题。因此，如何随着市场经济发展，加快农民的合作化进程，实现小农经济向大农经济转

山东肥城蔬菜标准化种植

变，实现联合生产整合销售，做到农产品的生产与城市的超市、农贸市场直接对接，农民根据订单进行种植和养殖，从宏观上促进农业规模化生产水平提高，才是我国农业发展的正确出路，也只有这样，才能应对残酷的市场竞争，降低农民的经济风险。

为什么种粮越来越不划算

近几年，由于化肥、柴油、农药等农资价格上涨幅度过大，造成种粮成本上升，在很大程度上抵消了农业补贴

和粮食价格上涨给农民带来的实惠。山东省调查显示，2004—2009年，山东省粮食按实际播种面积计算，每亩年收益分别为282元、253元、235元、178元、234元和319元。除2009年外，其余年份种粮的实际收益不但没有提高，反而呈下降趋势。

2011年3月，湖南省人大对全省粮食生产情况进行了专题调研，感到粮食生产的形势相当严峻。由于肥料、种子、农药等价格上涨，使得粮食种植每亩成本增加200元以上。种粮与外出打工相比收入差距较大，以洞庭湖区种1亩田共需7个工时计算，农民种粮的每个劳动日净产值平均不到35元，而出外打工日工资都在80—100元之间，其收入平均高出2倍多。农业补贴政策效益流失，据财政部门调查，2010年全省农民种1亩双季稻可获得119.1元补贴，但种植粮食的成本同比增加近200元，加之补贴资金直接到农户，实行流转的种粮大户得不到补贴，种双季稻补贴只比种单季稻多10元，从而使"双改单"和季节性撂荒现象难以杜绝。

2009年4月，一名记者乘车从湖南长沙向西到新化的路上，看到一片一片都是抛荒的土地，而当时正是早稻

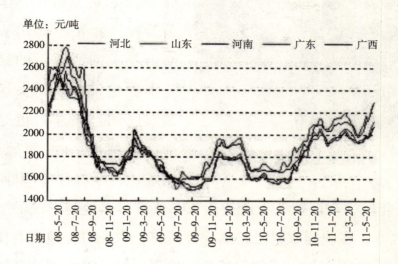

单位：元/吨

主流市场尿素批发价走势

插秧的季节。据当地一位同志讲，这种情况非常普遍，有些抛荒地已经长出了几厘米高的小树苗，从这些树苗就能够知道抛荒的时间不止一两年。类似的情况在浙江、江西一些地方也都有存在。2010 年，我国部分省区发生旱灾，各级领导和地方政府心急如焚，但当地农民却并不着急，原因就是他们认为抗旱成本太高，多浇两次水是可以增加一些产量，但最终结果还是亏损。

千百年来，农民以土地为生，从来没有把用工算进生产成本，随着人民生活水平的提高和机械化的应用，人工成本在农业生产中的比重不断增加。即便粮食价格每斤上涨 1 毛，也远远无法弥补生产资料上涨的成本。各种农资

被撂荒的土地已是杂草丛生

成本加上人工成本，辛辛苦苦种一年粮不如出去打半个月工，到最后的结果是谁种粮谁不赚钱。这就是农民的经济学，也是土地撂荒抛荒的主要原因。据统计，1996 年至 2004 年 8 年间，全国撂荒土地就达 396 万亩。土地是农民的生存之本，在我国农村土地属集体所有，农民对土地只有使用权没有所有权，当他们认为种地不合算的时候就选择将土地留给老人、妇女耕种，又由于害怕土地被集体收回或受到处罚，有些地方就出现了对条件较好的、便于作业的交通干线路边的土地进行耕种。有的把经营土地当成了义务，更多的是当成了副业，以此保留对土地的应有权利。

农民抛荒是不得已而为之，但也为农业规模化、产业化、集约化、机械化提供了契机。只要回报合理，要粮给他粮，要钱给他钱，农民愿意将土地给有能力或规模经营者集中使用。因此，应加快土地确权的进程，在确权后鼓励农民放开流转，政府应进一步完善土地流转政策措施，采取多种形式支持和推动土地的集约化经营，提高种粮的投入产出比。

看得到水为何却流不进田

江西省安德县有 20 世纪 60 年代修建的林泉大型水库，曾解决了方圆几十里的农田灌溉问题，当地农民一直受益于这个水库。联产承包责任制后，各家各户将全部精力都用到自己的土地上，水库的日常管理和维护长期无人问津，损坏得不到维修，支渠、毛渠失去了通水功能。眼睁睁看着水却流不到田间，村民不得不花大价钱自寻新水源，家家打井，户户找水，大大提高了生产成本。近两年发生在广西、山东、河南、河北、山西、安徽等地的旱情，损失之所以那么严重，也是因为农田水利基础设施长期得不到有效治理造成的。

我国的农田水利等基础设施大都是五六十年代集体经济时期建设起来的。因为一方面集体建设能力强，另一方面便于统一管理。但从其属性来讲，农村水利基础设施属于公共产品。实行家庭联产承包责任制后，村民更加关心的是个人自家的田地，对于修建公共水渠和抗旱水坝等水利设施积极性不高。离水源较近的农户，不挖渠或投入较少就能灌溉田地，而离水源较远的农户，则要修渠护渠。有时为了争水，截流、堵坝、开沟、放水，把水线和明渠搞得支离破碎，加之国家为减轻农民负担又取消了义务工和积累工制度，使集体经济时期修建的农业基础设施年久

灌溉水渠破损严重

破坏严重的干渠

失修、功能老化、灌溉能力下降，许多河道淤积、流量减小、防洪排涝能力弱，许多渠道渗漏严重、输水效率低下，许多水利基础设施处于瘫痪、半瘫痪状态。农业基础设施长期投入不足，甚至已建的遭到破坏，直接导致农业生产长期的高成本，而且严重影响了农业生产的安全，每当遇到自然灾害，不仅无法有效抵御，而且还会加重危害。

小型农田水利是整个农田水利系统的末梢，现行的产权改革是"谁受益谁投资"，将国家集体的责任变成了一家一户的农民生产问题。小农生产规模小且高度分散，投入不济，管理使用失当，造成水利设施"用进废退"，导致"末梢坏死"。

当务之急是要加大农田水利的投入，同时要把农民组织起来，推进合作经营，形成一个一个的水利单元，与外部大水利对接，由农民共同体对农田水利基础设施进行统一建设、统一管理、统一维护，使其产生长久的效益。

农业的综合效益如何提高

　　家庭分散经营，每家每户分得的土地极其有限，农民一方面承担不起农业机械和现代科技高昂的购买和使用费用；另一方面由于就那几亩地，只要靠部分劳动力或劳动时间就可以耕种，不需要普遍使用新技术，也不便普遍采用机械化耕种，导致农业机械化和现代农业科学技术无用武之地，农业生产的持续发展受阻，农产品比较收益较低。

土地规模有限，不便于机械化
作业和新技术推广应用

　　家庭联产承包责任制使得农户有了对自己生产活动的自由安排权，同一地区农作物在耕作时间上虽总体一致，但也有前后的差别。而恰是这种前后的差别，就会导致农作物的生产、管理成本增加。如，由于各家各户种植的农作物不一样，成熟期也不一样，有的作物此刻是需水期，而相邻的田地种植的作物却是排水期，水源必须穿过这块地才能到达另一块地，导致了排水地与需水地农户之间的矛盾和冲突。又如，在农作物病虫害防治方面，由于有的病虫害具有扩散性和流动性，先耕种的田块可能先发生，也首先进行了防治，但先发生病虫害的可能已感染了后耕种的田块，后发病虫害的又会继续感染已经防治过的田块，因此只能反复多次加大防治；直到农作物成熟。从而导致了生产的成本增加，也导致农产品农药残留高，品质下降，相对收入减少。

提高农业生产的综合效益，有赖于机械化和先进农业技术的推广应用。在完善土地流转政策的基础上，将土地集中在专业经济组织手中，由他们统一管理和经营，一方面便于深耕深松、化肥深施、节水灌溉、精量播种、高效收获等新技术的推广应用和机械化作业的有效实施，推动农业生产的标准化、规模化、产业化，提高农业生产效益；另一方面实施统一作业、统一管理，减少了耕种时差引起的成本复加，提高了农产品的竞争力和农业综合效益。

农村的生机到哪去了

农业兴则经济兴，农民富则国家强，农村稳则社会安。30多年的改革开放，农业取得高速发展，农民富足安定，农村欣欣向荣，这是不争的事实。

但我们也应该看到，在社会经济取得长足发展的同时，有些村落开始衰败了，土地被抛荒，人口在外流，村里几乎见不到年轻人，许多农村成了名副其实的"空心村"，只剩下留守的老人、妇女和儿童。可怜这些老人们，年纪很大了还要在田间地头辛苦地劳作。而新生代年轻人已经与乡村和土地相隔离，他们不愿意待在乡村，不会使用传统农机具，不熟悉现代农业技术，注定要逃离农村。

干农活的老人

长期以来，我国实行的城乡二元体制，使得城乡收入和公共基础设施差距太大，农村居民与城市居民相比能够享受到的公共品服务太少。巨大的城乡差距难以留住喜欢热闹

失去生机的村庄

的年轻人，大量年轻人进城，是奔着进城打工能有一份较高的收入，更重要的是可以享受到一部分城市公共品的服务，寻找一种新的人生价值。农村宝贵的人力、物力资源大量地几乎是单向地流入了城市，促进了城镇化的发展，也带走了农村的希望。在农村不只是有能力的年轻人看不到，就是青壮劳动力也已难觅，有些地方选一个能带领村民脱贫致富的能人都很难。农村已无力聚集人气，严重

"失血"，失去了生机，如果任其发展下去，农村就会更脆弱、更衰败。

当前，要加大农村基础设施建设投入和支农惠农力度，让所有人都能享受到改革开放 30 多年来社会公共品的阳光，使农民享有与城市居民同等的社会福利，不断推进农业的现代化发展，才能重新聚拢人气，焕发农村的勃勃生机。

第六章　他山之石

　　合作社思想自古有之，如古埃及的手工业联营贸易团体、古希腊、古罗马的手工业行会、我国春秋时期的井田制和孔子的"大同"理念等。现代合作社的思想和理论始于英国的空想社会主义者罗伯特·欧文，世界上第一个成功的合作社——罗虚代尔公平先锋社便是欧文思想的结晶。

　　罗虚代尔公平先锋社成立于1844年，是纺织工人的消费合作社，因诞生在英国曼彻斯特市的罗虚代尔镇，故而得名。罗虚代尔公平先锋社试办成功后，欧洲、美洲、亚洲、非洲等地也先后兴起了合作社运动，合作社在欧洲、美国、日本、印度等许多国家获得巨大发展，在国际上成为公认的重要经济形式，合作社经济成为世界经济体制中的重要组成部分，涉及农业、渔业、消费、生活、金融、贸易等诸多领域，占有举足轻重的地位。特别是农业合作社，在各种合作社组织中处于主导地位，不但形式多样、体系健全、实力也非常强大。

　　发达国家中 80% 以上的农民都加入了农业合作社，国际合作社联盟中按照社员数和销售额计算，排在前列的几乎都是农业合作社或者与农业相关的合作社。法国农业合作社经营的谷物、鲜果、罐头、肉类和家禽的出口量，分别占全国出口量的 45%、80%、40%、35% 和 40%，法国农村信用合作社是整个欧洲最大的金融组织；在加拿大的 10 大农业企业中，有 6 家是农业销售合作社；荷兰的国土和耕地面积分别仅为我国的 0.44% 和 1.9%，但农产品出口额是我国的 3 倍，荷兰农民多数是 3—4 个合作社的社员，收入的 60% 是通过合作社实现的；丹麦的黄油、干酪、腌肉、罐头和家禽等出口量的 40%—90% 是由农业合作社完成的；美国近 85% 的农民加入合作社，全美谷物销售量的 60% 和出口量的 40% 均由合作社控制，美国农业合作社的年营业额近 900 亿美元，日本农业合作社（日本农协）为社员提供农业生产、流通、信贷、保险、医疗、福利、教育等一条龙服务，农户 90% 的生产资料购买和 80% 的农产品销售均经由农业合作社实现；以色列农业合作社（基布兹）的社员仅占全国人口的 3%，但其农业产值却占全国农业总产值的 40%。

　　农民合作经济组织在近 200 年的发展过程中，已经成为世界各国在发展农业生产过程中的一项基本制度安排，并发挥着重要的作用。世界各国由于农业生产的特点不同，以及历史传统的差异，在农民合作经济组织的发展形势和特征方面也各不相同。

企业化运作的典范——美国的
农民合作经济组织

　　家庭农场是美国农业生产的基础，美国农业生产主要由许多规模较大的私营农场主独立进行。由于私营农场主独立完成农产品的生产、加工、运输和销售各个环节会产生低效率，因此，为保证其利益，大量为农场主提供各种类型服务的合作经济组织开始自发产生。美国加州大杏仁，原产土耳其、伊朗等地，由于加州杏仁合作社的多方面支持，6000 多家农场和 100 多家加工厂生产该产品，一度占到全球杏仁产量的 80%，2009 年生产 73 万吨，使每家农场收入都在 38 万美元左右。美国农民合作经济组织也被称为农场主合作社，从开展的业务类型来看，主要可分为供销合作社、信贷合作社和服务合作社 3 类。其中供销合作社主要负责种子、农药、化肥等农用物资的供应以及农产品销售；信贷合作社主要负责融资及贷款问题；服务合作社则为农场主提供医疗、保险等服务。出于保护农民利益和提高本国农产品市场竞争力的需要，美国政府对农民合作经济组织的发展持支持态度，并通过联邦立法的形式，规范其发展。随着经济全球化趋势的加强，美国的农民合作经济组织逐渐发展为新一代合作社，其最大特点就是表现为一种以赢利为重点的商业性组织，而教育、培训、服务的功能明显降低。这种合作社内部完全按照企业化方式运行，相关人员均属雇佣关系。为保证合作社股本金的稳定性，要求社员支付较高的首期投资，而且成员资格封闭，主要发展产品具有高附加值的加工业，从而提高社员的收入，并且及时以现金的形式向社员返还利润。企业式的运作不仅使美国农民合作经济组织充满了活力，也提高了农民的收益。

政府政策制定的影响者——日本的 农民合作经济组织

日本最具代表性的农民合作经济组织是日本农业协同组合，简称日本农协。日本农协的规模庞大，几乎遍布城乡，而且业务范围十分广泛，从生产资料和生活资料的购置、农业技术的指导与推广、农产品的加工和销售，直到信贷、保险、医疗，几乎涉及从农业生产到农民生活的方方面面。由于特殊的政治体制和历史背景，日本农协在很多有关国内农业生产和国际农产品贸易的政策制定方面具有较大的影响力，并扮演着农民利益代表、政府职能代理人以及农户经营代理人的三重角色。例如，为保护农业生产者的利益，缩小工农差距和城乡差距，在日本农协的作用下，日本政府实行了农产品价格保护政策，并对从事农产品生产加工等经营进行限制；为优化日本农业产业结构，日本农协协助政府实施了农业生产结构的调整；面对来自国外农产品的压力，日本农协在为农户提供生产资料购买和农产品销售等流通领域服务的同时，开拓金融服务，为农户提供产前、产中、产后的资产管理服务。由于农协代表农民利益，并能从政策制定上施加一定影响，日本农民的参与热情很高，超过 97% 的日本农民参加了农协，超过 90% 的农产品销售和 80% 的生产资料购买都是通过农协完成的。农协在很大程度上解决了日本农业生产中食物自给率不足、农产品生产成本过高、农户经营规模较小等问题，促进了日本农业生产的发展。

合作金融的典范——德国的 农民合作经济组织

德国是合作金融的发源地，德国的农民合作经济组织最大的特色在于充分发挥了资本市场上的信贷合作功能。德国在其工业化和城市化进程中，城市人口的不断增长极大地带动了对农产品的需求，使得扩大商品农产品的生产成为当时德国农业生产的主要任务。然而，德国农业生产所面临的一个主要问题是农业资本积累不足，农用生产资料的购买、先进农业技术的推广和应用，以及农产品的加工和销售都需要一定的资金支持，而从事小规模生产的农户自身积累不足，又很难通过正常渠道获得急需的信贷支持，并且高额的利息负担又使得农户对高利贷望而生畏，资金短缺成为阻碍德国农业生产进一步发展的一个主要问题。为了有效解决小规模农户的资金困难，德国政府通过大力发展农民合作经济组织进行信贷合作，建立起独具特色的信用合作体系。整个体系除了协调整个德国合作金融组织、德意志中央合作银行以及3家地区合作银行以外，发挥主要作用的是由大量乡村银行构成的基层地方合作银行，直接从事信用合作业务。这种合作银行体系既保持了相互独立性，又可以发挥出联合优势，同时具有健全的管理制度、监督系统和风险防范措施。德国的合作金融通过向广大小规模生产的农户提供优惠信用贷款，在很大程度上缓解了德国农民在农产品生产和销售过程中的资金短缺问题，促进了德国农业的发展。

公众性的服务机构——法国的
农民合作经济组织

20世纪70年代以前，法国曾经是一个农产品及食品净进口国。然而，如今的法国已经成为欧洲最大的农业生产国和食品净出口国，并建立起发达的现代农业体系。这一成就的取得除了得益于欧盟的共同农业政策外，法国农业合作经济组织的不断创新和发展起到了关键作用。第二次世界大战前，同许多其他国家的农民合作经济组织一样，法国的农民合作经济组织仅仅执行单一的农用生产资料集中购买以及农产品集中销售的职能。第二次世界大战后，特别是60年代以来，由于法国政府非常重视农业合作社的发展，并从财政、信贷、税收等多个方面给予积极的支持，使得法国农民合作经济组织得到了空前的发展，并逐渐形成以服务为导向的各种组织、行业协会及服务企业，采取多种形式服务于农业生产的产前、产中、产后各环节。主要包括：以农业设备的集中购买和共同使用为目的的农业设备使用合作社；以牲畜产品、奶制品、糖制品、葡萄酒等法国传统农产品的深加工和精加工为目的的农产品加工合作社；以农业生产资料和农产品市场供应信息的收集与发布为目的的信息咨询合作社；以动植物的生产管理、病虫害防治等农业技术指导和推广为目的的农业技术合作社；以农产品的收购、运输、储存和销售为目的的农产品运销合作社等。正是这些具有公众性服务机构性质的农民合作经济组织的存在，为法国农业生产力的提高创造了有利条件，极大地促进了法国农业生产的发展。

政府惠农政策的有效执行者——印度的农民合作经济组织

　　印度是发展中国家中的农业大国，庞大的人口数量和落后的生产力水平，使得印度农业的发展面临不小的压力。为了有效促进农业生产的发展，印度政府制定了许多积极的惠农政策，而这些政策措施的有效实施都有赖于印度的农民合作经济组织。印度的农民合作经济组织具有典型的民办官助性质，政府为推动农民合作经济组织的发展提供了大量的资金和技术支持。印度的农民合作经济组织从结构上看是一个从中央到地方的完整体系，主要包括信贷、生产和销售3个系统的合作社。其中，农产品营销合作社是印度最为重要的农民合作经济组织，不仅利用30多个邦一级合作销售协会、数百个县一级合作销售中心以及数千个初级销售合作社形成的庞大网络从事农产品流通，更重要的是负责具体实施印度政府的各项惠农政策，执行政府职能部门的功能，主要包括：代表政府对农产品市场价格进行监督；帮助政府进行农产品市场干预和调控；协助政府收集有关农产品的价格和供求信息；执行政府对农产品生产进行的价格补贴；参与政府制定农产品出口政策，并全权代理大宗农产品的出口等。例如，农产品营销合作社经常协助政府完成对油菜子、豆类等大宗农产品的保护价收购，并根据政府的指导完成对洋葱、黑胡椒等生鲜农产品的收购、储藏、加工和销售等。印度的农民合作经济组织在政府的扶持下，基本形成了覆盖全国的完整系统，协助政府执行各项惠农政策，为印度农业生产者提供了较为全面的社会化服务。

第七章　农业的第三个春天

　　自 20 世纪 80 年代以来，无论是家庭联产承包责任制对土地产权的解决，还是科教兴国战略在农村的具体实施，都有效地促进了农业经济的增长。随着我国社会主义市场经济的不断完善，农业生产正由过去的传统农业向现代农业转变。以家庭为单元自给自足、分散管理的生产组织模式所固有的局限性逐渐显现，生产力与生产关系不相适应的矛盾日益突出，生产规模小、效率低、技术水平有限、难以形成品牌、缺乏市场竞争力等问题已经成为影响和制约农业发展的现实问题。只有把农民组织起来走农业合作化生产道路，使松散的农户连接大市场，将小农经济提升为大农经济，培育和完善有效率的农业组织体系，提高农业的组织化程度，实现农业转型，才能进一步解放生产力，使我国农业生产再上新台阶。

合作经济组织是我国农业发展的必然选择

新中国成立以来，从土地改革到农业合作社运动，从人民公社到家庭联产承包责任制，我国的农业发展走过了一段"由分到合，由合到分"的曲折道路。在这段历史进程中，既有符合农业生产规律，使生产力与生产关系相适应，促进农业健康发展的成功经验，也有脱离实际情况，盲目升级生产关系，造成农业发展停滞不前的惨痛教训。今天，我们重提合作化，就是在吸取历史经验教训的基础上，提出的符合现阶段我国农业发展实际的具体举措。

发展农业合作经济组织是市场经济对农业提出的新要求

几千年来，我国一直是一个以小农经济为主导的农业大国，农业发展长期处于自给自足的自然经济状态。随着社会主义市场经济的不断完善，分散经营的家庭经济模式，已经远不适应社会化大生产的要求。

我国农村人均一亩三分地，户均不过十亩，为了公平起见，又按等级搭配分成了几块。土地的高度分散使本来规模就小的小农经济更加支离破碎，由于家庭生产规模过小，很难获得土地规模效益；长期以来受自然经济和计划

117

经济的影响，农民对市场经济知之不多，加之农业生产收成的不确定性及市场的多变，使农民面临着更大的市场风险；农民农户数虽然很多，但组织化程度低，难以维护自身权益，在各种经营性的或非经营性的组织或企业面前显得无能为力，往往处于被动挨宰的局面，农民始终处于市场活动的最底层；农民的收入未获得长足稳定的增长，集体经济未得到巩固和壮大，反而被不同程度地削弱，有些地区尤其是西部，城乡差别并未缩小，反而有越拉越大的趋势；农民的社会福利保障不够完善，读书难、看病难、养老难等在广大农村普遍存在。解决这些问题的唯一出路，就是要把农民组织起来发展合作经济，整合农村现有的农业和劳动力资源，扩大农业生产规模效益。只有这样，才能提高农民在市场中的地位，享有话语权和农产品定价权；才能不断壮大集体经济实力，提高农民的社会福利待遇保障；才能从根本上缩小城乡差别，实现乡村城镇化、农业产业化和社会化。

农村劳动力大规模转移为农业合作经济组织发展提供了契机

1984 年中央 1 号文件提出，允许农民自理口粮进城镇做工、经商、办企业，掀起了新中国成立后第一次"下海潮"。闻到"气味"的四川省仪陇县副书记张思智起草了一封介绍仪陇劳动力资源的公开信，并以县政府名义向全国1000多个县（市）投寄。同年，仪陇县政府组织30多名农民工"闯京城"，这些农民工虽然"三易其主"、"四渡难关"，但最终在北京站稳脚跟，成为中国最早由政府组织向省外输出的农民工。如今，30余人的队伍已经扩张到了30万人，其项目也拓展至上海、兰州、广州、珠海、沈阳、天津等地，乃至新加坡、澳大利亚等国家。

近20年来，随着我国工业化和城镇化进程的加快，农村中最年轻、最富活力、最有创意的那部分人，纷纷离开土地，走进城镇，进入工厂。据统计，2009年全国外出农民工总量为14533万人，比2008年增加492万人，增长3.5%，2010年更超过了2.4亿人。2004年以来，衡阳县石市乡53个村共有52784人，其中15—45岁年龄段的青壮劳力26000余人，身体正常仍在农村居住和间隙进行农业生产的不足2000人，从事全职种养的劳力几乎没有。大量农民外出打工，使得农村变成了只有老、弱、妇、幼的"空心村"。这些人在离开农村后，有的把土地托给老人妇女，有的交给亲友耕种，有的干脆撂荒。对于撂荒土地虽然中央和地方三令五申强调复耕，但从近几年情况看，效果并不理想，土地撂荒的势头在有些地区非但没有减弱，反而有愈演愈烈之势。一些农民愿意将土地有偿流转给有经营能力的人耕种，已成为一种趋势，为农业规模化经营提供了新的契机。为此，依靠农业龙头企业或农业经营带头人，将那些无力耕种或撂荒的土地通过转让、出租、入股、出售长期使用权等方式集中起来使用，给土地所有者以适当的报酬，可以逐步实现农业的规模化、产业化经营。

农业机械化的发展为农业合作经济创造了有利条件

随着我国综合国力和工业化水平的不断提高，农业机械化事业不断发展壮大。至 2009 年年底，全国农机总动力达到 8.75 亿千瓦，大马力、高性能、复式作业机械保持较高增幅，农机装备结构进一步优化，品种和数量有了质的飞跃。农田作业机械化水平有了显著提高，2009 年全国耕种收综合机械化水平达 48.8%，水稻种植、水稻收获、玉米收获等薄弱环节机械化作业水平分别达到 16%、56%、17%，马铃薯、油菜、花生等经济作物机械，畜牧、林果等农产品初加工的生产机械化取得新的进展。农机作业服务组织不断发展壮大，2009 年全国各类农机作业服务组织近 20 万个，农机专业户 450 万个，农机专业合作社总数达到 1.3 万个，全年农业机械化服务经营收入 3800 亿元。其中，辽宁锦州市在工商部门登记注册的农机专业合作社 112 家，入社人员 1450 人，服务农机户 51058 户，作业面积实现 222.9 万亩，合作社资产总计 16349.2 万元，农机固定资产 13018 万元，场库棚面积近 20 万平方米，农机服务总收入 5454 万元。农机科技创新步伐不断加快，200 马力以上大型拖拉机研发获得成功，花生、甘蔗等大宗经济作物机械化收获技术、牧草生产和草场改良机械化技术研发实现突破。农业机械化的高速发展为农业合作经济组织实施规模化、产业化生产提供了有力的技术服务保障。

发展农业合作经济组织是新时期促进农业生产的新型变革

生产力是生产关系的基础，生产力发展了，生产关系也要随之变革。新中国成立后，农村实行土地制度改革，农民获得了土地，生产积极性空前高涨，生产力得到了大解放，战争创伤迅速恢复，至 1952 年，中国粮食产量达到 16290 万吨，比 1949 年增加了 44.8%。棉花产量达到 120 万吨，比 1949 年增加 193.7%。20 世纪 50 年代来的集体化和人民公社化，人为地使生产关系升级，使我国经济遭受重大挫折，1953—1978 年，我国农业总产值年均增长率为 2.7%，农民的家庭人均纯收入从 1952 年的 57 元增加到 1978 年的 133.6 元，平均每年增长不到 3 元，到改革开放前，中国仍有 2.5 亿农村人口没有解决温饱问题。改革开放以后，实行家庭联产承包责任制，赋予了农民充分生产经营的自主权，使我国的农业取得了巨大发展，1978—1996 年，中国农业总产值年均增长 4.68%，农民人均纯收入则由 134 元增至 1926 元，增加了 13 倍多。今天，我国农村生产力状况发生了重大变化，农产品市场格局由卖方市场向买方市场转变，农产品竞争由国内市场转向日趋全球化的国际大市场，农业进入了战略性结构调整和发展的新阶段，小农户与大市场之间的矛盾，使得农户的生产经营陷入不利境地，由此，农民专业性和社区性经济合作组织慢慢发展起来。纵观新中国成立60年来我国农业发展的历程，无论哪一个阶段的变革发展，都是围绕土地制度和组织化程度展开的。从中我们不难看出，只有在土地制度上给予农民充分的自主经营权，才能调动其生产的积极性，提高劳动生产效率；只有提高农业的组织化程度，才能集中力量解决以农田水利为重点的农业基础设施建设方面遇到的困难和问题，提高农民抵御自然灾害的能力；才能与市场接轨，有效应对国际化大市场对农业发展提出的要求；才能不断推进农业的产业化、规模化经营，做大做强农村经济。

新时期我国不同类型的合作模式创新

近年来，我国的广大农民群众在农业生产的实践中，立足本地区、本行业实际，自愿组合，积极探索思考和创新实践符合市场经济要求的农业合作路子，形成了具有中国特色的形式多样、功能各异、各具特色的农业合作经济组织生产模式，促进了农业的规模化、集约化和现代化发展。据统计，截至 2010 年 6 月底，在工商部门登记的农民专业合作社达 30 万家左右，全国平均每两个行政村就有 1 家合作社，实有入社农户 2500 万左右，约占全国农户总数的 10%。另外，还有其他形式的合作组织数十万家。这些农民合作社广泛分布在种植、畜牧、农机、渔业、林业、金融等各行业，通过组建农户间的利益共同体，在带动农户发展农业专业化、规模化生产，参与市场竞争，提高农产品质量等方面发挥了重要的组织载体作用。

农民通过合作社，统一采购生产资料，统一加工、销售产品，有效解决了单个农户生产经营中办不了、办不好的事情，降低了生产成本，提升了农产品附加值，增加了农民成员收入。河北省东光县古树于村村民 2008 年自发组建农业合作社，重建农田水利，耕地集中由合作社统一种植，10% 的种田能手种全部的土地，90% 的劳动力离开了土地非农就业，结果不仅农产品（粮食为主）产量增长 20% 以上，且肥料等投入比过去减少 15% 以上。各地反映，农民合作社成员收入普遍比当地未入社农户收入高出 20% 以上，有的甚至高出 1 倍以上。在产业合作的基础上，许多农民合作社积极开展资金、保险等方面的互助合作，共同分担生产经营风险，抵御自然和市场风险的能力明显增强。此外，在推进现代农业建设方面，合作社引导农户实施专业化、标准化生产，开展规模化、品牌化经营，组织农民发展优势产业，开发特色产品，积极参与农业产业化经营。目前全国已有20800多家农民合作社通过了农产品质量认证，25700多家合作社拥有注册商标。越来越多的农民合作社从单纯的技术、信息合作走向共同的实体经营。

近年来，各地农户根据联结市场的主体不同，农民自发组织的农业合作经济组织蓬勃发展，形式多样，各具特色。被群众认可并已形成规模，产生了较好效益的大体有以下几种：

公司+农户经济合作社

这是以公司、企业为龙头，围绕一项农业产业或一种农产品，同农户签订某种经济合同，实行生产、加工、销售一体化经营的农业产业化经营模式。在这种农业企业产业化经营模式下，利益主体主要是企业和农户两方。企业与农户之间的利益联结方式是合同契约，利益分配主要有保护价让利、纯收益分成等方式。其运行机制是利用企业拥有的资金、技术、设备、人才和市场等有利条件，在互利互惠、自愿结合的基础上，带动大批农户形成松散不一的产供销联合体。将产前、产中、产后各环节整合在一起。在现实经济生活中，这种模式多存在于需要加工的农产品经营领域，主要是畜牧水产业、粮油食品加工、饲料加工领域，以及蔬菜、水果、中医药材业中需要加工的领域。

这种模式的优点在于便于沟通农户和市场的联系、减少农户生产的盲目性；发挥市场价格机制和非市场的组织机制相结合的优势，降低组织成本；规范生产技术规程，增强生产过程中的科技含量，减少小农户的生产经营风险等。但其缺点也较为明显，由于这一模式下企业和农户属于不同的利益主体，双方都要实现各自利益的最大化，如果公司与农户没有长久的合作机制或者农户无权参与公司决策，企业与农户在组织的共同体内部的主体地位不对称，双方在责、权、利上不平等，市场一旦出现波动，市场价格与契约价格存在差异时，二者间的契约关系会变得很不稳定，特别是我国的农村经济是大量分散的小农户经济，其经济力量同与之合作的公司（企业）极不对等，农户虽然得到了一定的市场收益，但在与公司的利益分配上还是处于弱势，一旦发生违规违约，受损的只能是农户。因此，如何使农户与合作的公司（企业）实现对等，找到农户与公司（企业）利益的平衡点，是"公司+农户"合作经济组织需要改进的重点和难点。

农民股份经济合作社

农民股份经济合作社就是按照股份合作制的办法，把农民所有的资源要素——土地、劳力、资金、生产资料、技术专利、房产，等等，以及集体性的公共经济财产，划分成等值股份，分归农户持有。从股权设置项目上，一般设为集体股、个人股、募集股（现金股）等类型。集体股主要包含组织运转开支和其他公共开支；个人股是按合作经济组织成员户口性质、在本组织劳动贡献、承包土地数量等要素，将集体资产折股量化分配到个人；募集股（现金股）则由集体经济组织新增人员或新迁入户等人员按原值或现值一次性用现金等额认购。

农民股份经济合作社按照现代企业制度要求，基本上以公司制组织形式为参照体系，内设有农户股东代表大会、董事会、监事会三个机构，农户股东大会是经济合作社的最高权力机构，通过投票的民主程序设定管理机制，以"一人一票"为主要形式，少数也实行"一股一票"。农民股份经济合作社实行股东代表大会领导下的董事长负责制，董事会为股份合作经济组织常设的经营管理机构。

在具体方式上，农民股份经济合作社的对象可以是资源综合性的，也可以是对某一特定资源、某一特定产品、某一特定生产过程的组织形式。农民股份经济合作社模式实现了所有者和经营者的统一，资本和劳动的直接联结，农户成为合作社的主体，能够充分享有市场收益。农民股份经济合作社模式在使农户充分享有市场收益的同时，也要求农户共同分担市场风险，从而形成了"利益共享，风险共担"的经济利益共同体。

土地股份经济合作社

土地股份经济合作社，是在家庭联产承包责任制"两权分离"的基础上，将土地承包经营权再进一步进行分离，在不改变土地承包经营权的前提下，按照股份制和合作制的基本原则，把农民土地承包经营权转化为股权，组建合作社，委托合作社经营，按照股权从土地经营收益中获得一定比例分配的土地合作经营形式，形象的概括就是：土地变股权，农户当股东，有地不种地，收益靠分红。

土地股份经济组织模式有两种方式。一种是将土地折价入股，同其他要素股份联合运作，在生产经营活动结束后按股分红。在承包期内，土地股权可以继承、馈赠，经过合作经济组织的同意后也可以转让。另一种是将土地定价出租，然后把集合起来的土地承包经营权流转到专业经济组织手中，由专业经济组织管理和经营，农民在不承担土地经营风险的情况下，可得到稳定的土地收入，还可以转入其他领域工作，获得非土地收入。

实行土地股份经营制，土地使用权的最终归属并没有发生根本改变，土地资源还能按照市场经济的要求进行流转和重组，获得规模效益和专业化效益，农民的土地经营权益得到了有效保障。此外，在我国目前农村社会保障体系不够健全的情况下，这种模式还可为向非农产业流动的农民工提供有保障的土地权益，避免农民因脱离土地而处于失地、失业、失保的境地。

集体所有制经济合作社

集体所有制经济合作社，是区域性农村劳动群众共同占有生产资料的一种公有制形式，是农民按照自愿互利原则组织起来，基本生产资料公有，在生产与交换过程中实行某种程度的合作经营，在分配上实行一定程度的按劳分配的集体所有制经济。这种合作化模式源于我国的人民公社体制，其前身是人民公社时期的生产大队或生产队，多数是由生产大队和生产队延续而来；有些则是在生产大队和生产队自动解散以后，在村或村民小组自治的基础上重新建立起来的。集体所有制组织承担着对村经济进行管理协调、兴办企业、产供销服务、积累及管理集体资金、从事村政建设及举办村公益事业等综合性职能，实现了政府与农村经济组织合为一体，生产活动统一经营，农民享受社会福利保障。

集体所有制组织模式对基层党的政权组织提出了很高的要求，在这个集体里，基层党的政权组织既是地方行政长官又是经济组织的领头人，集体经济发展的好坏完全取决于基层党的政权组织素质。此外，在集体经济组织中，如何充分调动和发挥农户的积极性也是需要研究和解决的问题。

农民资金互助合作社

农民资金互助合作社，是针对我国农村金融市场存在的资金外流严重、供求矛盾突出、农民融资难、融资成本高等问题，发展起来的农村微型金融服务合作组织，是农村信用合作社的有益补充，其主要功能是向农民提供更多的信贷产品。

农民资金互助合作社按照资金来源的不同大体可分为两种类型：一类是有政府扶持的农民资金互助合作社，其资金来源仅限于在一个村的区域内吸收的社员股金，以及政府专项扶持资金、社会捐赠等；另一类是农民自行募资的资金互助合作社，其资金均来源于发起人原始出资、区域内社员的新增出资和互助金。这两类农民资金互助合作社均采取股份制的运作方式，合作社成员按照股金分红获得收益。

农民资金互助合作社丰富了农村信贷产品的供给，较好地发挥了农村金融市场中的"拾遗补阙"作用，在一定程度上遏制了高利贷交易，使得民间金融资源得到合理配置。但在实际运行中，如何规避金融风险，避免合作社发展为"准银行"，变相吸收公众存款，破坏正常的区域金融秩序，是需要研究解决的问题。

农机专业合作社

农机专业合作社，是以农机服务为主，按照"入社自愿，退社自由"原则建立的组织机构，是农民专业合作社的重要组成部分，是推进农业机械化，促进农业稳定发展、农民持续增收的重要力量。

农机专业合作社的主体多种多样，有乡、村发起的，有大户领办的，有村民联办的，还有龙头企业承办的。无论主体是谁，都是按照"利益共享，风险共担"的原则，采取股份制的运作方式，股份由财政扶持资金、乡村自筹资金、以机顶资、以地顶资、企业投资和农民投资等构成，合作社成员按照所持有的股份获得收益。

农机专业合作社将农机经营者有效组织起来开展社会化服务，加强了农机拥有者和使用者的紧密联结，促进了土地、劳动力、资金、装备、技术、信息、人才等生产要素的有效整合，扩大了农机作业服务规模，提高了机械利用率和农机经营效益，实现了农业规模化经营、标准化生产、社会化服务的有机统一，有效提高了土地产出率、劳动生产率和资源利用率。从我国农机化发展趋势来看，农机专业合作社承担农机化生产作业的份额越来越高，服务农户和农村的范围越来越广，推进现代农业建设的作用越来越明显。

第八章　发挥政府的帮扶作用

　　发展农业合作经济组织是新时期复兴我国农业的新趋势，无论在理论上还是在实践中都面临着许多困难和问题，特别是对农业发展的思想认识不足，农业基础设施落后，农业的商品化、科技化、产业化水平较低，农业的服务保障体系建设滞后等，尤其是土地确权工作尚未完成，制约和影响了农业合作经济组织的健康发展。因此，要在吸取过去的经验教训和借鉴世界各国发展农业合作经济组织成功经验的基础上，加强各级政府对农业合作经济组织的指导和帮扶，研究解决发展过程中遇到的困难和问题，积极引导农业合作经济组织沿着正规有序的轨道发展。

积极推进农业的组织化程度

　　我国的改革开放最早起源于农村，并在城市获得巨大发展。如今 30 多年过去了，我们在企业改制、流通体制改革等方面取得了巨大的成果，工业化体系初步建立，国际、国内流通领域的关系基本顺畅，城市建设日新月异，国家综合实力不断提高，人民物质文化生活水平极大丰富。但是在为改革开放先行的农业上，今天显得滞后了。随着社会主义市场经济的逐步完善及生产力的发展，由于农民组织化程度低，进入市场的能力弱，新技术应用推广受限，家庭联产承包责任制所形成的激励作用已逐步减弱，在一定程度上家庭农业成了落后的生产力，必须审时度势调整生产关系，提高农民组织化程度，使"小农"经济走向"大农"经济，解决影响我国农业发展的深层次问题。

近年来我国的经济一直保持高速增长，特别是 2010 年我国的国民生产总值达 6.5 万亿美元，首次超过日本位居世界第二。但是应该看到，这种高速发展的经济增长方式，在带来国民生产总值不断跃升的同时，也正在经历一个成本不断递增的过程，无论是环境污染、资源消耗，还是地区差距、贫富分化，抑或是产业结构失调、社会保障不健全、功能不完善，都已经成为急需解决的重大现实问题。特别是有些地方政府，为了单纯追求 GDP 增长，重视发展工业企业，重视以土地财政增收为目的的房地产开发，长期忽视对农业的投入，甚至不惜破坏已经非常有限的耕地资源，造成了农业基础设施长时期得不到改善，农业现代化水平停滞不前的局面。农业在国民经济和国家安全稳定中发挥着极其重要的作用，应确立农业的基础地位，坚持工农统筹、城乡统筹、地区统筹，均衡发展的理念，下大力抓好农业生产的合作组织建设，做大、做强我国的农业产业，提高农业现代化水平和农民的物质文化生活水平。

给农民更多的优惠政策。回顾我国改革开放 30 多年所取得的成就，无论是家庭联产承包责任制还是乡镇企业的大发展，无论是流通体制改革还是国企改制，其核心是给了人民一定的经济自由。人们获得这种自由后，就迸发出了无限的积极性、创造力和聪明才智，调动一切积极因素，适应市场经济大潮，有了今天的辉煌。要相信农民，依靠农民，他们最熟悉眼前农业的现状，最明白农业生产应该如何发展，最清楚哪种合作形式适合自己，清理和废弃限制合作经济组织发展的旧法规和不合理制度，按照"合作、自愿、互助、民主"的原则，发挥农民在合作经济上的积极性和创造性，为合作经济组织发展提供自由的空间，让它们茁壮成长。

坚持实践是检验真理的唯一标准，凡是有利于农业生产力发展，有利于推进农业产业化，有利于增加农民收入，无论采取什么组织形式，都要大胆尝试，积极推进，并在实践中发展完善。应区分情况，多样发展。我国是个农业大国，各省之间、省内各地区之间农业发展的情况都不同，有的地区土地面积多、水资源丰富，农业规模化、产业化生产条件好，有的地区土地面积少、条块分割严重，不适合发展规模化经营；有的地区农业龙头企业发展好，有的地区村社组织能力强；有的地区适宜发展种植业，有的地区适宜发展养殖业，等等。摒弃"一刀切"的做法，根据各地区的不同情况，探索和发展不同类型的农业合作经济组织，制定不同的政策措施。

发挥国有企业的积极作用，为农业合作经济组织发展提供有利条件。国有企业是我国经济的主体，具有政策资源充分、信息渠道畅通、网络建设广泛、服务手段先进等优势。借鉴中国储备粮管理总公司"以农为本"、服务"三农"的有益经验，转变经营发展理念，主动向农业生产领域延伸。近年来，中国储备粮管理总公司围绕服务国家宏观调控，着力增强国有经济在粮食流通领域的控制力、影响力和活力，积极投身"三农"工作，在服务农业合作经济组织、服务地方经济社会发展等方面，进行了积极探索和实践。创办和发展了全国性的"三农"服务机构，构建集粮食收购、农资销售、土地流转与托管、农机农技与信息服务为一体的综合服务体系，为农业合作经济组织提供产前、产中、产后全过程和产、供、销一条龙服务，使其融入现有产业链中，成为上联企业、下联农户的桥梁和纽带，通过"土地流转"和"订单农业"把土地、劳力、农业专业合作社等要素进行了有效整合，将生产、加工、销售等环节进行了科学配置，达到了"农民增收、合作组织盈利、企业创收"的目的，不仅为农业合作经济组织的发展提供了便利，而且从根本上保证了国家的粮食安全。

完善农业土地制度

土地是农业最基本的生产资料，是农业发展的基础。只要涉及农业，首先遇到的是土地管理政策问题。在我国，土地还是农民权益保障的依托和纽带，因此完善农村土地管理制度，全面落实土地确权、登记和颁证，依法保护土地权利人的权益，既是维护农民切身利益的现实需要，也是发展农业合作经济组织的前提条件。

我国现行的农业土地制度是在土地集体所有的前提下，实行土地所有权与经营权相分离，以家庭承包经营为主、统分结合的双层经营体制。这种体制，把过去集体经济单纯的统一经营改变为农户分散经营和集体统一经营相结合，集体保留土地等基本生产资料的所有权，并具有生产服务、协调管理、资源开发、兴办企业、资产积累等统一经营职能；农户对集体是承包关系，家庭承包经营是集体经济内部的一个经济层次。

这种土地制度在改革开放初期，由于适合当时农业生产条件和技术水平，极大地解放了农业生产力，提高了劳动生产率和土地生产率，获得了巨大的成功。但随着市场经济的发展，工业化及城市化进程的加快，这种以集体所有、家庭分散经营为主要特征的土地制度，使农民对土地的权利缺乏有效保障，侵犯农民土地权益现象时有发生，农民对稳定土地产权关系的愿望非常强烈。

首先，农村土地产权关系不明晰。依据《中华人民共和国宪法》和《土地管理法》规定，我国农村土地归集体所有，但由于各地差异性大，没有也难以明确所有制的主体究竟是乡镇，还是村委会或自然村，使得农村土地所有权主体不明确，形成了土地现实管理工作中土地产权多重主体与无主体并存的矛盾，为有些乡镇、村委会不当得利创造了条件，造成了乡镇、村委会随意处置土地权利及土地收益，导致农民土地权利受损。其次，农民对土地的使用权长期不变，但农民怎样才能保证或放弃这种权利却没有相应的法律规定。于是，随着村内人口的变动，新增人口对获得本集体经济组织土地承包权的要求日渐强烈，在一些地方不得不隔几年就因人口变动而调整承包地，难以稳定土地承包关系。第三，农地流转不畅。我国土地承包经营权的抵押没有得到法律许可；土地家庭承包经营权向集体经济组织外的单位和个人流转，受到集体经济组织方面的限制，使得农民对未来预期造成很大的不确定，在转出承包和受让承包地的问题上陷入困惑，一些想种地的农民由于土地承租期限短，且不稳定，而不愿支付过高的价款受让土地；一些不想种地的农民由于土地转让价款低而不愿意转出土地，又视市场影响随时又将转让的土地收回自己耕种，使得农地的流转受到影响。

土地投资具有投资量大、回收期长的特点，土地使用关系不稳定，农民就不会愿意对土地进行投资，生产条件得不到改善，土地的产出率和农业效益就都难以得到提高。此外，农民的承包权、使用权没有保障，就会造成土地抛荒、滥用、不合理征用、非法买卖乃至土地纠纷等问题，严重地影响了土地的合作规模经营。

严格界定公益性和经营性建设用地的准确范围，按照规范、公开、透明的原则，完善征地程序。加强征地监督，鼓励被征地农民参与征地过程，以保证他们对土地的使用权、处置权等得到尊重，利益得到有效保障。建立征地公告制度，政府在提出用地申请同时进行公告，让土地权利人对其合理性和合法性提出质疑，在批准用地后再次公告，并就有关赔偿等问题与土地权利人进行协商，若有争议，可以申诉和申请仲裁。完善土地仲裁机构和土地法庭，探索土地纠纷仲裁制度、程序和方法，积极推进土地纠纷仲裁立法工作，健全由多部门参与的农村土地纠纷调处审理机制。

建立和完善与农业和经济社会发展规律相适应的现代农村土地制度。修改完善土地管理法，明晰产权关系，依法保护土地权利人的权益，明确集体土地所有权、农民土地承包权、宅基地使用权、土地抵押权等，任何单位和个人不得侵犯，使农民形成长期的预期。继续深入宣传贯彻农村土地承包法规政策，使广大农村基层干部增强依法行政、依法办事和依法维护农民土地权益的意识和责任感，保证广大农民自身土地承包权益不受侵害。完善土地承包经营权权能，确定农民土地承包关系"长期不变"的具体政策，把土地的使用权由单一的耕作权扩展到对土地的占有权、使用权、收益权、分配权以及转让、转包、入股、抵押、交换、联合经营等处置权。加快推进农地的确权、登记和颁证工作，把承包土块的面积、四至、空间位置和权属证书落实到每个农户，推动以土地为基础的不动产统一登记制度建立。

规范土地承包经营权流转行为。在"依法、自愿、有偿"承包经营权流转的原则下，不改变土地的集体所有性质、不改变农业用途、不侵害农民土地权益。对不同时期土地流转提出不同的具体政策，允许农民转包、出租、互换、转让等，支持零散的土地向多种形式的合作规模化集中。健全农村土地承包经营权流转市场，完善农村土地流转服务，引导农户流转土地承包经营权，促进各种形式的适度规模经营。同时，应尊重农民的土地流转主体地位，任何组织和个人不得强迫流转，也不能妨碍自主流转。

突出政策法规体系建设

农业政策法规是在长期的农业发展过程中，自然形成或人们根据一定的价值而设立的一系列规则、程序和行为的道德伦理规范。农业政策法规的确立对于整合农业资源，规范农业生产活动，调动社会积极因素，促进农业发展具有重大的意义，其设置是否合理，直接关系到农业的健康发展和农民生活水平的提高。

新中国成立以后，我国的农业组织化发展也是伴随着一系列农业政策法规的创新而发展的。从实施土地改革，确立土地和其他农用生产资料的农民所有制时期出现的互助组、合作社，到推进社会主义集体化道路的农业合作化制度时期出现的高级社；从产权高度集中和管理，单一化的"一大二公"制度时期的人民公社，到以家庭承包责任制为主，双层经营体制后出现的各种类型的农业合作经济组织，每一次政策的调整和法规的确立都深深影响和左右着农业合作化的发展。

2007 年 7 月 1 日，我国正式颁布实施了《农民专业合作社法》，标志着我国农业合作化的发展步入了法制化轨道。但我们也应该看到，我国在农业合作化方面的法规制度还很不完善，农业合作经济组织有多种形式，《农民专业合作社法》还不能完全涵盖合作经济组织的所有类型。此外，近年来各级政府也制订了一些农业合作经济组织发展的政策制度，但在具体的实施过程中，还存在着配套政策不够完善、运行机制不够健全、产权责任不够明确、具体措施不好操作等问题。

结合农业合作经济组织运行实际及存在的问题，制定合作经济组织基本法，将各类型合作经济组织共同的问题进行统一规范，确立合作经济组织的基本原则，以基本法指导各类合作经济组织的发展。在基本法确定之后，针对特殊领域的合作经济组织制定单行的专门法，已经出台的《农民专业合作社法》属于单行的合作经济组织专门法，另可制定诸如《供销合作社法》、《保险合作社法》、《农村医疗合作社法》等相关类型的单行法，全方位多侧面规制合作经济组织的活动，形成适合我国实际，完整配套、上下衔接的农业合作经济组织法律法规和政策体系，确保农业合作经济组织发展有法可依、有据可循。

完善合作经济组织章程，进一步规范合作经济组织的性质、种类及可从事的业务范围，合作经济组织责任的类型、名称、设立和登记，合作经济组织及成员的权利与义务，合作经济组织的管理，成员会议，政府对合作经济组织发展的扶持与帮助措施，合作经济组织权利的保护等内容，规范内部组织运作机制和操作管理；完善利益分配机制，建立合同约束机制，明确双方的责权利，形成紧密型的经济利益共同体，使其保持持续、快速、健康发展。

加大财政金融支持力度

农业是弱质产业，风险大、效益低，农民收入增长缓慢，自我积累有限。仅仅依靠农民自身的力量，很难做大、做强农业合作经济。因此，按照十七届三中全会关于"创新农村金融体制，放宽农村金融准入政策，加快建立商业性金融、合作性金融、政策性金融相结合，资本充足、功能健全、服务完善、运行安全的农村金融体系，推进普惠型农村金融体系"的要求，营造良好的财政、税收、信贷等金融服务环境，是保证农业合作经济组织健康发展之道。

目前，我国的农业合作经济组织资金来源渠道有限，除少量政府扶持资金外，大多是组织成员自己出资兴建，加之，我国商业银行实施了严格的信贷担保和抵押制度，大多数农业合作经济组织没有固定资产用于抵押贷款，仅有的房产也因政策原因无法抵押，被很多涉农金融机构拒之门外，造成贷款困难，使得农业合作经济组织始终面临资金短缺的局面，严重制约影响了农业合作经济组织的发展和自身的壮大。

整合农业财政投入资金，通过财政补助、贴息、政策性信贷、政策性保险等手段，支持农业合作经济组织的发展。遵循存量适度调整、增量重点倾斜的原则，健全财政支持稳定增长机制，以财政资金撬动民间和金融机构资金投入，提高财政资金的使用效率。逐步增加扶持农业产业化的资金投入，支持农业合作经济组织的培训、技术、信息服务以及新品种、新技术的引进、推广等。把发展农业合作经济组织作为实施国家农业支持保护体系的重要途径，将国家农业综合开发建设、农产品优势区域和优势产业带建设、扶贫开发建设等工程项目，委托各类有条件的农业合作经济组织加以实施。支持农业合作经济组织建立农产品批发市场和集贸市场，开展农产品收购、批发、储藏、运输、零售和中介活动，发展农产品加工和综合开发利用；对农业合作经济组织制定产品质量标准和生产技术规程、开展优质农产品认证、开拓营销市场等给予财政补助。

依据税务政策，研究鼓励农业合作经济组织研发新产品、新技术、新工艺的税收政策，加大农业创新投入力度，鼓励社会资金捐赠创新活动；对于农业合作经济组织从事国家鼓励类的产业项目，引进国内不能生产的先进加工生产设备，可按有关规定免征进口关税和进口环节增值税。对农业合作经济组织成员提供农业生产经营服务的，免征营业税；对直接销售农产品的，实行优惠增值税；实行价格同盟豁免，以统一价格联合销售农产品，不列入违法范围。

强化金融支农，发展涉农信贷业务，引导国有商业银行、股份制商业银行积极参与支农投入；完善农业银行、信用社、邮政储蓄等金融机构的支农功能，转换经营机制，提高贷款覆盖面和农业贷款比例；通过政府、保险、银行三方合作，引导资金下乡进村。发展农村合作金融机构，放宽市场准入制度，推进村镇银行、贷款公司和农村资金互助社等多种形式的新型民间金融投资机构进入农村，落实县域内银行业金融机构将新增存款当地放贷的政策。创新农村信贷抵押担保形式，探索农村担保体系建设，由政府牵头出资、农民和农村企业参股，建立担保机构；开展农村小、微企业产权、归属清晰的林权、货物、生产设备、定单抵（质）押，以及富余农房抵押等担保业务，把保障、代理、租凭、保管、担保、个人理财等产品服务到农村，满足农业合作经济组织的资金需求，逐步形成符合农村资金需求特点，功能完善的金融服务体系。对农村金融机构实行税收减免政策，重点是对各类农村金融机构的营业税、所得税实行大幅度减征或全免政策，对从事农贷担保的担保公司的所得税、营业税实行全免政策；农村金融机构处置抵贷资产时免除相关税费，实行差别存款准备金政策，大幅度降低农村金融机构存款准备金率；实行差别利率政策，准许农村地区存款利率适当高于城市存款利率，减少农村地区资金外流，吸引城市资金流向农村。试点农业投资基金和农村资金互助联合形式，引导民间资金更多地进入到"三农"和乡镇企业，改善农村金融服务，增加信贷投入，促进农业发展。

发挥农业保险在化解自然和市场双重风险，迅速恢复农业生产，保障农业投资安全，减少农民灾后损失，减轻政府财政负担，增强农业防灾抗损能力等方面的重要作用，积极推行农业保险制度。建立完善有普惠意义的农业保障机制，改善银行信贷"独木支撑"的农村金融困境；健全农业多层次政策性再保险公司，建立政府政策性机构专营、统一管理的农业再保险制度和全国、省或区域性农业保险准备金制度。加快政策性农业保险立法，确立从中央到地方各级政府财政保费补贴政策和法律，确立政策性保险的合法性，保证财政补贴的持续性、稳定性。研究出台减免农业保险机构营业税、企业所得税、印花税，返还增值税等在内的税收优惠政策；对经营农业保险的商业性保险公司予以保费、经营管理费用补贴以及税收优惠；建立由政府管理的特殊风险巨灾基金。配套整合土地与农业人力资源，提高农业保险参保率；增加农业保障品种，加强农业保障中介机构建设，提高保险业务服务水平；健全防灾减损体系，以防为主，防保结合，最大限度地降低灾害风险。打通保险、银行、农业、畜牧、气象、民政等部门信息沟通渠道，使农村金融形成"多龙注水"的局面，形成防灾、减灾的合作机制。

改善合作生产物质条件

农业是一个自然再生产过程，没有一定的物质基础条件，农业生产力就不可能得到明显提高，农业合作经济的发展也就失去了重要的物质依托。

近年来，我国持续加大对农业基础建设的投入，不断提高农业机械化服务能力，加快农用工业的发展，重视农业科研和技术的推广应用，农业生产的物质条件不断改善。但由于历史欠账过多，农业基础脆弱、后劲不足的问题仍然十分突出。水利基础设施功能老化、能力下降；机械化发展不平衡，服务能力不强；肥料、农药、农膜等产品品种单一，质量不高，不适应现代农业要求；农业科研投入不足，转化率不高，科技贡献率较低等等，严重制约和影响了合作化条件下的规模化、产业化生产经营。

加强农田水利建设。2011 年中央 1 号文件，把水利提升至国家安全战略的高度重点扶持，未来十年内将投入 4 万亿元进行水利建设，全面提高水利保障能力。新中国成立以来，我国农田水利条件有所改善，但一些基础性工程绝大部分建于 20 世纪 60—70 年代，建设标准不高、工程配套条件差，使用寿命较短。实行家庭联产承包体制后，我国水利建设投入没有跟上，管理不完善，使得绝大多数农田水利工程未能及时改造，老化损坏严重，加之农田分到各户后，各家农田离水源远近不同，修不修水渠分歧很大，就是修好后也无人定期维护，以致有些还遭到破坏。因水利设施损坏报废，导致年均减少有效灌溉面积300多万亩，相当于每年减少10个30万亩的大型灌区。实行农村税费改革后，主要用于农田水利基本建设的"两工"（劳动积累工和义务工）也逐步取消，而公共财政没有弥补这一空缺，农田水利建设受到极大限制。目前，全国仍有各类病险水库约3万多座，相当一部分水库调蓄洪水的作用难以充分发挥。全国小型灌区的渠道完好率和渠系建筑物完好率平均不足50%。由于排灌设施条件较差，我国受自然灾害的影响也就较重。据国家防汛抗旱总指挥部统计数据，截至2010年8月底，全国共有30个省、自治区、直辖市以及新疆生产建设兵团发生不同程度洪涝灾害，造成农作物洪涝受灾面积10902千公顷（16380万亩），成灾5595千公顷（8392万亩）。尤其是农村集体经济的缺失，政府即便投入再多钱，短时间内完成水利设施建设，但无法在更长时间里管理、维护、使用好小农田水利。因此，要重点加强农业合作经济组织建设，形成区域性农民共同体，避免单家独户搞农田水利建设的矛盾；重点扶持农业合作经济组织开展小型农田水利设施、小流域综合治理等项目建设、管理和使用；重点帮助农业合作经济组织运用工程、农艺、管理等措施，发展节水灌溉农业，大力推广滴灌、喷灌、微灌和间歇节水灌溉等节水技术。

　　提高机械化服务水平。机械化水平是农业现代化水平的重要标志，是提高合作经济生产效益的有效手段。目前，发达国家的农业已经基本实现了全程机械化，为提高农业劳动生产率提供了坚实的基础。尽管近年来我国农业的机械化水平快速提高，2010年耕种收综合机械化水平超过50%，但与发达国家相比，差距仍然非常大。因此，要注重完善政策，努力拓宽农机化投入渠道，推动信贷支持、税费优惠、报废经济补偿、政策性保险等扶持政策的实施；积极协调财政、税务、交通等有关部门，落实好农机作业服务和农机维修免征所得税，以及农机跨区作业免费通行等政策。要重点扶持农业合作经济组织的生产机械化，加大坡地农田整理力度，将山地、沟地等不适宜机械化操作的土地逐步适当地改造为适于机械化操作的平整地，在深松整地、秸秆还田、水稻育插秧等环节加快机械化步伐。要注重配套服务，建立农机跨区作业接待服务站，做好机手接待、机具调度、作业安排、维修、供油以及后勤服务等工作；组织做好农机保养、维修、零配件供应、技术培训等工作，构筑起技术服务保障线。

　　加速农用工业发展。从目前情况看，我国的农用工业基本能够实现自足。但是，仍然没有建立一套既能满足农业增产要求而又与环境友好的肥料、农药和农膜供应和使用体系。农用工业生产企业小而散，技术水平低，能耗大大高于发达国家水平，造成了严重的水土污染，影响了食品的安全。因此，要着眼提高肥料、农药、农膜的安全性、利用率和使用效果，加快农用工业的发展，以市场为导向，以结构调整为重点，以提高核心竞争力为目标，依靠体制创新和科技创新，推进农用工业经济体制与经济增长方式的根本转变。要加强对大企业集团和重点骨干企业的扶持，鼓励企业间以技术开发、产品开发、市场开拓为目标的"强强联合"，鼓励相关企业之间的兼并、重组，实现资产存量的优化配置和优势互补，提高生产集中度。支持、鼓励、引导非公有制经济参与农用工业的改革、改造和发展，在发展壮大国有经济的同时，鼓励非公有制企业参股、兼并国有农用工业企业，实现两者的优势互补；发挥产业政策和行业规划的导向作用，加强服务，完善政策环境，促进非公有制农用工业企业的健康发展。利用高新技术和先进适用技术改造提升农用工业，重点围绕增加品种、改善质量、节能降耗、防治污染和提高劳动生产率等方面开展研究，加快技术转化和自主创新步伐，提升我国农用工业的总体水平。制订、完善统一的行业技术标准和技术法规、规章、规范，逐步形成以技术标准、法规等手段为主的产品和市场管理体系；建立严格、规范的市场准入和退出机制，限制劣质产品进入市场，促进行业技术进步。

发展农业科技事业。近年来，我国农业科技发展较快，2010年农业科技贡献率达到52%，对粮食增产的贡献率达72%。但从总体来看，我国的农业科技水平还比较低，还不能适应农业合作经济组织发展的要求。通过科技进步，大幅度提高农产品产量、质量，势在必行。从世界农业发展的趋势可以看到，只有当农业科研投资强度达到2%时，才能提供可靠的科技支撑。尽管我国近年来农业科技投入明显增加，但农业科研投资强度不到0.4%。发达国家的科研成果转化率达到70%，而我国只有30%左右。尽管我国近年在探索农业科技成果转化方面进行了有效的探索，但与市场经济相适应的技术推广机制仍然没有建立起来，公益性农技推广机构体系薄弱、人员素质较低、运行机制不活、与技术需求衔接不紧密等问题仍然没有得到很好解决，农业的研发能力、成果转化能力、农业技术推广能力等都相对薄弱，不仅未满足农业生产的需要，而且形成了较重的财政负担。发展农业科技事业是长期的历史任务，必须深入持久地加大支持力度，从根本上提高农业合作经济的竞争力。要围绕增加农产品供给、拓展农业产业领域，确保农产品质量安全、提高农业效益、劳动生产率和劳动效率、加强生态保护、增强农业可持续发展能力，改革完善农业科技体制机制创新，培育整合科技力量，大力拓展农业农村科技领域，提升原始创新、集成创新、引进消化吸收再创新能力和水平，积极推动不同单位、不同企业间的交流合作，分作物、分区域、分阶段开展联合攻关，形成农科教、产学研大联合大协作的新型农业科技体系，为农业合作经济组织发展提供有力支撑。重点支持生物技术、种子培育、土壤改造、丰产栽培、农业节水、疫病防控、防灾减灾等领域科技创新，加快开发多功能、智能化、经济型农业装备设施，推进农业信息服务技术发展。稳定农业科技人才队伍，加强农业技术推广，建立农技推广信息网，共建农家书屋，使农业科技真正应用到田间地头。加快农业科技成果转化，促进产学研、农科教结合，支持高等学校、科研院所同农民合作经济组织、龙头企业、农户开展多种形式的技术合作。

加快农业信息化建设。信息化是现代社会发展的基础，也是农业发展的基础，没有信息化，就没有农业的现代化。要建立农业信息网站，搭建农业信息共享平台；健全农业信息收集和发布制度，整合涉农信息资源，推动农业信息数据收集整理规范化、标准化。通过信息服务平台，建立国家、省、市、县四级农业信息网络互联中心，建设一批标准统一、实用性强的公用农业数据库，为农民提供新品种、新技术、供求、价格预测、分析、增值、综合，以及生产、加工、流通、科研、标准、消费等产品信息和市场信息，帮助农民增加知识，提高分析判断能力，适应市场经济的需要。积极发挥信息为农业生产和农民生活服务的作用，鼓励有条件的地方在农业生产中积极采用全球卫星定位系统、地理信息系统、遥感和管理信息系统等技术，推广应用3G物联网等现代技术，为改造传统农业，提供现代化生产要素和管理技术。

成立农民权利组织

在当今社会，工人有工会，商人有商会，各个行业都有自己的行业协会。中国的农民人数众多，居住分散且缺乏信息、资金渠道，又远离市场，使得农民在市场面前处于弱势地位，各种坑农、伤农、卡农的事件不断发生，他们的权益不断受到伤害，建立相应的农民权利组织势在必行。

农民权利组织的缺失，使得农民和各类农业合作经济组织始终处于弱势地位，难以抗衡市场经济中不法商企的侵害，无法通过正常渠道反映问题，迫使一些农民只能靠上访、拦车、静坐甚至更极端的方式维护自己的权益。这种做法既不利于社会的稳定，也损害了党和政府的形象。

事实上，早在清朝末期，我国的农民权利组织——农会就已经产生，并在民国时期得到了极大发展。1912年国民政府农林部公布"农会暂行章程"，要求各县成立农会。1913年全国各县大都成立了农会。1924年国民党中央执行委员会公布农民协会章程，要求解散旧农会、设立新的农民协会。1930年正式颁布《农会法》，《农会法》规定农会以发展农民经济、增进农民知识、改善农民生活，而图农业之发达为宗旨。到 1935 年，全国有省农会 2 个，甲种市农会 4 个，县市农会 692 个，区农会 3508 个，乡农会 28330 个，基本会员 3361420 人。

1920 年 9 月 27 日成立的浙江萧山衙前农民协会是中国共产党领导的第一个农会。直到新中国成立以前，农会都是我党开展革命斗争，掌握乡村行政权，控制司法权，建立农民武装，推翻族权和绅权的重要组织依托。1953 年，土地复查结束后，农村逐步组建乡村政权机构，原农会骨干转为乡村干部，农会的工作亦为乡村政权所取代，曾经叱咤风云 30 多年的农会组织开始偃旗息鼓。20 世纪 60 年代，作为阶级斗争的工具，贫下中农协会再次登上历史舞台，全国各地纷纷成立贫下中农协会，从 20 世纪 60 年代问世到 80 年代中期撤销，贫下中农协会在中国历史上走过了 20 多年的风云历程。自此以后，虽然各界对成立农民权利组织的呼声从未间断，但农民权利组织在我国的发展仍然没有起步。

市场经济条件下的法治国度，农民经济、政治与民主权利的维护，有赖于农民权利组织的建立。因此，我们必须看到农民权利组织对于搭建农业合作经济组织与其他社会组织之间平等的沟通交流平台，表达广大农民的政治、经济愿望，维护农民合法权益的极端重要性，发育和完善与我国农业合作经济相适应，以保障农民利益、提高农民知识技能、改善农民生活、发展农业经济为宗旨的公益性农民权利组织，整合和表达农民和农业经济组织利益，维护他们的基本权利。

清理农民权利组织发展的制度性障碍，健全组织，完善相关法律、政策及内部运行机制，加强协调指导，提供相关服务和保障，确保农民权利组织在维护自身权益的过程中，既不偏离党的路线、方针与政策，又能充分发挥好自己的作用。

完善农民权利组织体系，拓展其功能。参照我国现行的政治体制，建立由低到高的村、乡（镇）、县、市、省、国家等层次的农民权利组织，并把热心公益、素质较好、有较高威望、热心农业事业的各方人士吸收进来。在功能上，要通过农民权利组织整合和表达农民的权益，参与和经济团体的沟通协商，提高农业合作经济组织在市场经济中的地位作用；通过农民权利组织进行法律和政策维权，维护和保障农业合作经济组织的合法权益；通过农民权利组织服务农民，进行技术辅导和生产服务，提高农业合作化生产的水平。

健全农业社会化服务体系

农业社会化服务，是农业技术部门、农业合作经济组织、农业企业和社会其他方面为农业生产产前、产中、产后提供的各类服务。完善的农业社会化服务体系能够有效地提高农民进入市场的组织化程度，降低合作经济组织生产成本和市场风险。建设覆盖全程、综合配套、便捷高效的社会化服务体系，是发展壮大农业合作经济，推进农业规模化、产业化的必然要求。

近年来，随着农村改革的不断深化和市场经济体制的全面确立，农业社会化服务体系建设逐步得到加强，规模不断扩大，领域不断延伸，形式日趋多样化。在服务内容上，从产前的化肥、农药、种苗和机械农具等农业生产资料的供应，到产中的机械化种植、管理、收获，直至产后的加工、储存、营销等环节，基本涵盖了农业组织化生产的全过程；在服务体系上，初步形成了以乡村集体经济组织为基础，以国家"农技"、"农经"、"畜牧兽医"服务组织为骨干，以供销、粮食、信用、加工企业为重要力量，以各种形式的农民自办专业技术协会及专业合作经济组织雏形为新生和补充的农业社会化服务体系框架。农业社会化服务体系的初步形成，为合作化生产提供了大量的技术、物资、资金、信息、销售加工及经营指导等产前、产中、前后的多种服务。

目前，我国农业社会化服务体系建设在整体上仍然处于发育阶段，在适应社会主义市场经济和农业合作经济发展方面还有许多不足，主要表现在：农业社会化服务体系结构紊乱，功能不健全，覆盖面小，供给不足；社会化服务的基础条件和服务手段落后，服务内容与合作经济需求相差甚远，大部分农业生产活动由自发服务组织和合作经济组织自己完成，服务体系的功能不强；农技、农机、种业等重点服务项目力量薄弱，功能不全，综合能力差；合作经济社会化服务机构发展缓慢，管理不力，缺乏健全的内部管理制度，等等，制约和影响了农业合作经济组织的健康发展。

　　健全服务体系。遵循社会主义市场经济规律，按照建设服务型政府和推进城乡基本公共服务均等化的要求，强化政府在提供公共生产性服务方面的责任，健全乡镇或区域性农业技术推广、动植物疫病防控、农产品质量监管等公共服务机构，逐步建立村级服务站点。突破传统计划经济体制的禁锢，积极支持农民自办、联办服务组织，鼓励社区集体经济组织、供销合作社、农民专业合作社、专业服务公司、专业技术协会、农民经纪人、龙头企业等提供多种形式的生产经营服务，促使统一经营向发展农户联合与合作，形成多元化、多层次、多形式经营服务体系的方向转变。加快构建以公共服务机构为依托、合作经济组织为基础、龙头企业为骨干、其他社会力量为补充，公益性服务和经营性服务相结合的新型农业社会化服务体系。

　　完善服务机制。公益性服务，要在定编、定岗、定员的基础上，加大针对农业生产性服务的转移支付，保证必需的人员经费、业务经费以及其他经费，确保基层具备提供服务的能力。经营性服务，要加快市场化和社会化进程，通过市场竞争逐步调整服务内容，规范运作程序，提高服务水平；鼓励各地采取更多、更为灵活的方式购买经营性服务；对提供非基本公共服务的单位，通过股份制改造、招标拍卖等方式，推进转企改制。

丰富服务内容。随着市场化和国际化水平的提高、农业结构多元化趋势的显现、农产品加工流通业的发展、农产品质量安全水平要求的提高、农业风险的日益加大，传统农业服务体系提供的服务内容已经不能适应农业合作经济的需要。因此，要从需求出发，适应合作经济组织要求，不断丰富和创新服务内容。要完善农业科技服务体系，健全县（市）农技推广中心和乡（镇）农业技术服务站，直接服务农业合作经济组织；完善农村信息综合服务体系，整合信息资源，强化涉农部门之间农业基础信息实时交换和共享，形成服务便捷、功能完善的农业网站体系。完善农机化服务体系，积极引进推广新机具，依托农机购置补贴项目建设，拉动社会投资，培育建立以农机专业合作组织、农机大户、农机管理部门相互结合的农机化作业服务，提升农业机械化作业水平。

加强合作组织人才培养

对于一个时代来说，政治经济的变动，外部环境的冲突，不论如何有声有色，都不是决定的因素，决定的因素还在人身上。清朝时期比较偏远的平遥古城能成为全国金融中心，就是因为有了雷履泰等一批人才，才创造了奇迹；甘肃定西贫困甲天下，他们顺应天时，开拓创新，使马铃薯这个名不见经传的"土蛋蛋"变成了稳定解决定西农民温饱的"金蛋蛋"，在全国已成为一个知名品牌，振兴了定西经济。

合作经济组织的发展也需要一大批优秀的人才作支撑。当前，我国的合作经济组织发展尚处于起步阶段，有文化、懂技术、善经营、会管理、能合作、肯奉献的优秀带头人较少；了解合作社知识，甘于"利益共享、风险共担"的农民社员较少；行业指导部门中通法律、懂政策、会监管的指导人员较少；理论深厚、善于把国际先进经验和我国国情融会贯通、善于理论联系实践的教学科研人员较少，影响和制约了合作经济组织的健康、持续发展。因此，各级政府和有关部门要高度重视人才的培养使用，积极开展农业合作经济学历教育与非学历教育工作，营造良好的教学科研环境，为我国农业合作经济组织的建设和发展培养既懂理论，又善实务的高层次专门人才。

建立长期稳定的人才培养规划，探索形成以政府为主导，行业组织及社会各方面广泛参与、多元投入、共同协作的人才培养机制，把农业合作经济组织人才培训纳入农村实用人才和"农村阳光工程"培训规划，成立省、市、县三级合作经济组织培训中心，常年开展对辅导员、合作经济组织负责人、财务人员以及成员等不同层次的培训，培育和造就一批经营管理人才、财务会计人才和农村能人。农业院校和各相关院校设立合作经济组织培训专业，在借鉴国际先进经验基础上，结合我国国情与合作经济组织的现实需求，合理设计培养方案，科学设置教学计划，形成高、中、低不同层次，管理、科研、技术等不同专业的教学培养体系，系统培养合作经济组织各类人才。针对合作经济组织面广量大，组织从业人员脱产集中培训需花费大量的人力、物力、财力的实际，组织"送课上门"、"送技能到家"，帮助解决农产品营销、安全检测、植物栽培、信息技术、合作经济管理等方面的实际问题。在合作经济组织内部开展"传、帮、带"活动，老会员与新手之间相互学习、相互交流经验，以带动更多农户加入合作经济组织，并在生产实践中锻炼摔打，使其提高整体素质，发展壮大队伍。

鼓励有才干的外出务工人员返乡发展合作经济。改革开放以来，农村中最年轻、最富活力、最有创意的那部分人，纷纷离开土地，走进城镇，进入工厂，成为农民工。他们在生产经营和工作的实践中学习锻炼，开阔了眼界，增长了才干，提高了素质，在具备一定条件之后，有的又返乡创业，兴办企业，发展多种生产经营，扩大种植和养殖规模。截至 2008 年年底，全国各类农业产业化龙头企业已发展到 8.15 万家，年销售收入过亿元的有 6852 家，龙头企业固定资产达 1.42 万亿元，实现销售收入 3.83 万亿元，为推进农业生产的产业化、现代化，提高生产效益，增加农民收入作出了巨大贡献。因此，要充分发挥他们人熟、环境熟、见识多、有能力的优势，给予适当的优惠政策，鼓励他们回乡兴办或加入合作经济组织，为合作经济注入新的活力。

创新内部用人机制，打破原有观念，按照优胜劣汰的市场机制，对急需人才面向社会实行公开竞聘；鼓励各级各类科研、农技推广人员和大中专毕业生到农民专业合作社任职、兼职。完善合作经济人才资质认定机制，对长期从事农业项目管理、农业经营管理和在农业合作经济组织工作的农业科技人员、大中专毕业生给予必要的资质认定，使他们成才之后有更广阔的发展空间，从体制上创造人才成长环境。

案例1　企业+农户经济
组织合作社

　　枸杞是宁夏最具特色的资源之一，素有"世界的枸杞在中国，中国的枸杞在宁夏，中宁的枸杞甲天下"之说，其悠久的历史和社会价值被广泛认同。但长期以来，受各种条件的限制，枸杞一直处于以卖原材料为主的原始加工状态，没有成熟的、高附加值的深加工产品，更没有突出品牌，致使枸杞产业一直停滞不前，甚至出现了萎缩的局面。

　　2002年，宁夏红枸杞产业集团经过两年多的精心准备，依托"中国枸杞之乡"宁夏中宁县得天独厚的资源优势，研制成功"宁夏红"枸杞保健酒，创出了"宁夏红"中国知名品牌。在品牌效应下，枸杞价格以每年30%的速度递增，2002年上半年每斤价格为3.5元，目前每斤价格达到了近30元。价格的不断上涨，极大地调动了农民的积极性。枸杞种植面积也由低谷时的2万亩增加到 60 多万亩。

品牌拉动产业，产业拉动农业，农业拉动农民增收。"宁夏红"的枸杞深加工，激活了低迷萎缩的枸杞产业。在"宁夏红"的带动下，宁夏枸杞产业呈现了前所未有的良好发展势头，宁

宁夏枸杞果农采摘已成熟的枸杞

夏枸杞"大农业"和"小市场"的矛盾得到缓解。

宁夏红枸杞产业集团用建立稳定的产业链条的发展战略，采取"公司+农户"的模式，把建立可靠稳固的原料基地，同解决"三农"问题与农民致富有机地结合在一起。为了保证枸杞原料的质量，公司实施无公害种植计划，采取订单农业管理模式，把公司的第一车间延伸到了枸杞果园，统防、统治无公害种植，并以保护价进行收购，既保证了产品的品质，提高了农户科技水平，也调动了农民的种植积极性，确保枸杞产业生产、加工稳步发展，实现了公司和农户的双赢。

目前，"宁夏红"在宁夏范围内带动了 10 万名农户依靠枸杞产业增收致富，有 100 多万人加入了枸杞种植和深加工领域，分别占宁夏农业人口的 1.35% 和 13.5%。"宁夏红"作为一个农业产业化的龙头企业对枸杞产业的发展起了积极作用，成为枸杞市场的稳定剂。随着市场规

模的不断壮大，宁夏枸杞种植面积达 60 多万亩，每亩产值在 8000 元左右，总产值 48 亿元，全国带动 200 万亩，产值 160 亿元。"中国枸杞之乡"中宁县农民三分之一的收入来自于枸杞，枸杞产业的价值得到了充分体现。

案例 2　农民股份经济合作社

成都市温江区万春镇天乡路社区自 2007 年以来，积极探索集体经济组织产权制度改革，成立了天乡路农村集体经济股份合作社，通过市场化手段推进社区集体资源、资产与市场对接，实现社区集体资产增值、集体经济增收和群众致富。

天乡路社区将两个村集体的所有经营性资产、集体土地所有权按照土地股、资产股和商铺股进行分类，以土地股每 0.01 亩为 1 股、集体资产每 1 元为 1 股、商铺每 1 平方米为 1 股，以 2007 年 9 月 30 日为资产、土地、人口的统计核实截止时间，以 1983 年 1 月 1 日为农龄计算的起始日，将所有股份量化到个人，合作社向持股成员出具统一印制的记名证书，作为享受收益分配的凭证。

合作社统一经营和管理集体经济，将土地和商业用房出租给外来企业经营，将集体资产按照市场化模式经营，并组建了自己的公司，开展建筑装饰、绿化工程、建材销

天乡路社区活动中心

售、物业管理等经营业务，壮大了农村集体经济，促进了农民增收，推动了社区公共服务和公益事业的快速发展。

2009 年，合作社经营总收入 827.3 万元。其中流转土地 2114.5 亩，收益 411.74 万元；商业用房出租收益 375.06 万元；开展建筑装饰、绿化工程、建材销售、物业管理等经营业务利润 36.5 万元；其他集体商业用房和老办公区出租收入 4 万元。合作社提取公积公益金 15.6 万元、风险基金 35 万元、医疗统筹费 7.5 万元，农民人均从合作社取得收入达 32672 元。

案例 3　土地股份经济
组织合作社

江苏省江都市渌洋湖村 1998 年开始实施第二轮土地承包时，人均承包土地面积为 0.7 亩。2003 年农民人均纯收入为 4500 元，为同期江都市城镇职工平均工资的 47.9%；亩均农业生产成本达 500 元。由于农业生产比较利益较低，渌洋湖村土地撂荒现象比较严重。

2004 年 10 月，渌洋湖村党支部书记张福龙发动渌洋湖村扬西九组等四个组，按照"入社自愿、退社自由、民主管理、独立核算、自负盈亏"的原则，成立渌洋湖农林综合开发土地股份专业合作社（简称渌洋湖土地股份合作社），入社农户 152 户，人数 400 人，入社土地面积为 700 亩。

合作社由社员代表大会、监事会、理事会组成。农民以土地使用权入股，1.25 亩为一股，不设集体股，股权与投票权、收益权一致，合作社社员除享有本社共有成果

的受益权和分配权外，以土地入股者，男60岁、女55岁以下的劳动力，在服从分工的前提下享有就业保障，每人每年工作300天者保底工资不低于4000元。

经过几年的规划和建设，渌洋湖土地股份合作社将土地划分为新型生态居住区、有机水稻生产区、无公害蔬菜生产区、绿色水产水禽养殖区等。形成了以有机粮油、无公害蔬菜种植和绿色水产水禽养殖、饲料加工、蛋肉加工为主的一体化经营模式，优化了农业生产结构，实现了农业生产、农产品加工和农产品销售诸环节的有效联结，扩展和延伸了价值链。

收益的增长为农民享有更充分的土地收益权提供了经济保证。在渌洋湖土地股份合作社中农民获得的收益大体分为固定收入、分红收益和劳动力工资收入。渌洋湖土地股份合作社规定入社成员每人每年可获得300公斤水稻、25公斤小麦、100元现金（60岁以上老人为400元）；分红收益为渌洋湖土地股份合作社按二次股分红收入。渌洋湖土地股份合作社社员人均现金分红收益逐年增加，2005年人均100元、2006年人均130元、2007年人均170元、2008年人均200元。劳动力工资收入来自渌洋湖土地股份合作社社员的打工收入，入社成员可以在合作社工作也可以外出打工。2007年和2008年，在合作社工作的劳动力工资收入达到12000—20000元/年。

　　渌洋湖土地股份合作社土地产权结构的完善和经济效益的提高有效地调动起农民、企业家的积极性，规模不断扩大，入股土地面积、入社农户数、入社人数均不断增长，农民经济收入不断提高。至2008年入社土地面积达3368亩，入社农户758户、2438人，经济总收入15131万元。

案例 4 集体所有制组织合作社

南街村位于河南省临颍县城南隅，紧靠 107 国道，西临京广铁路，东临京珠高速公路。全村有回、汉两个民族，920 户，3400 多口人，600 亩耕地，总面积 1.78 平方公里。

改革开放以来，南街村结合自身实际，因地制宜，大力发展集体经济，走共同富裕道路，实现了物质文明和精神文明建设的飞速发展。

南街村依靠当地粮食资源，围绕农业办工业，围绕龙头企业上配套项目，大搞粮食深加工，深化农业产业化，壮大了集体经济实力，组建了国家大型企业南街村（集团）有限公司，下属企业 28 个，其中对外合资合作企业共 8 个，是一个集产、供、销一条龙，农、工、贸一体化的集体性质的大型集团公司，集团资产总额达 279186 万元；全年实现工农业总产值在 150000 万元左右。

为了进一步加快集体经济的发展，近年来，南街村本着"巩固老产业、丰富新产品、开发新产业、提高经济效益"的指导思想，不断调整产业和产品结构，着力开发食品、饮料、酒类、印刷、医药、化工、旅游、工艺品等行业，取得了经济发展的新突破。

南街村

南街村实行的是"工资+供给"的分配制度，村民们免费享受水、电、气、面粉、节假日食品、购物券、住房、上学、医疗等多项福利待遇，全体村民居住在30多栋配备齐全的花园式的现代化公寓里。南街村大办公益事业，成立了艺术团、军乐队、盘鼓队、门球队，建起了文化园、图书馆、档案馆、医院、康寿乐园等公益设施。同时，大办教育事业，投巨资建起了现代化、高标准的幼儿园、中小学和高中，还办起了报社、广播站和电视台。

南街村始终坚持"两手抓，两手都要硬"的方针，在搞好物质文明建设的同时，高度重视政治文明和精神文明建设。坚持马列主义、毛泽东思想、邓小平理论和"三个代表"重要思想，坚持科学发展观，以雷锋精神鼓舞人，以革命歌曲激励人，提出了建设共产主义小社区的奋斗目标，坚持"外圆内方"的治村方略，强化了职工村民的集体主义精神，增强了凝聚力，营造了浓厚的集体主义氛围。全村党员干部、职工村民发扬"二百五"的"傻子"精神，人人敬业爱岗、乐于奉献。党务、村政、企管、教育、民兵、治安、工会、共青、妇联、计划生育等各项工作，均受到了各级领导的赞扬，获得"全国先进基层党组织"、"全国模范村民委员会"、"全国文明村"、"中国十大名村"、"国家级生态村"、"全国优秀乡镇企业"等光荣称号。先后有30多位党和国家领导人和200多位将军到南街村视察指导工作，《人民日报》、《光明日报》、《中国青年报》、中央电视台等多家新闻媒体都对南街村作了大量报道；美、英、法、德、日等20多个国家的数十家新闻单位也都到南街村作过实地采访。

案例5 农民资金互助合作社

　　长期以来，农民融资难、融资贵是制约"三农"发展的瓶颈。江苏盐城市委、市政府针对农民融资需求旺盛，现行农村金融机构有效资金供给不足的现实，积极推进农村金融体制改革，创新发展农民资金互助合作社，为农村金融市场注入了新的活力。

　　2005年，阜宁县硕集镇农民自发成立了"富民农民资金互助合作社"，首开盐城农民从事资金互助合作之先河。2006年，盐城市委、市政府审时度势、因势利导，及时启动农民资金互助合作组织试点，探索农民资金互助合作组织发展路子。在市委、市政府的大力推动下，农民资金互助合作社如雨后春笋，不仅数量迅猛增长，而且运行状态良好。截至2009年2月，该市已有农民资金互助合作社104家，其中：经农工办批准、在民政部门登记、纳入市政府试点范围的57家；省财政资金扶持、在民政部门登记的5家；县、乡（镇）自发组建的42家。据统

江苏丹阳皇塘镇农民资金互助合作社成立

计，截至 2008 年 10 月底，纳入该市试点范围的 57 家农民资金互助合作社，共发展社员 4.18 万户，吸纳股金和互助金 3.95 亿元，投放互助金 3.16 亿元。其中向高效规模农业投放互助金累计 1.39 亿元；用于支持农民投资创业的互助金达 0.53 亿元。这些"雪中送炭"式的互助金，极大地丰富了农村小额信贷产品供应，有力地促进了农村经济发展，帮助许多农民实现了脱贫致富。如滨海县东坎镇农民资金互助合作社投放互助金 24.8 万元，支持 5 个农民养牛专业合作社发展养牛业和屠宰业，仅此一项，每年就可以为当地农民增收 100 万元。

农民资金互助合作社的发展，有效地缓解了农村金融供求矛盾，激活了农村金融市场，引导民间金融资源合理配置，对于搞活农村经济大有裨益，农民群众深受其惠、衷心欢迎。

案例 6　农机专业合作社

　　江苏省溧阳市海斌农机专业合作社成立于 2006 年，其前身是退伍军人王海斌成立的机耕服务队。

　　2002 年，王海斌看到越来越多的农民选择外出打工，农村劳动力十分紧张，许多土地没人耕种，毅然放弃在上海承包工程的工作，回到老家江苏溧阳，购买了 6 台农业机械成立了机耕队。为降低风险，服务队自己承包了 210 亩抛荒田，开始规模种植水稻。在给自己作业的同时，也为周边农户提供作业服务。

　　2004 年溧阳市别桥镇政府要求推广水稻插秧机，王海斌购买了 2 台插秧机在自己承包的田里进行作业，秋收时每亩产量提高 150 多斤。看到效益后，周边很多村民上门要求帮助进行机插秧，机耕队又购买了 4 台插秧机，当年为农户机插秧 860 亩。

　　随着要求农机作业服务的农户越来越多，服务队也获得了较为丰厚的回报。附近一些农机手也纷纷要求加入王

海斌的作业服务队，2006年王海斌联合27位农机手，成立了海斌农机专业合作社，王海斌被选为理事长。合作社社员以自己的农机入股，添置新的农机具，社员按股出资，实行利益共享、风险共担。

合作社成立后，开展订单式作业，每逢冬春季节，就事先与农户签订农机作业合同，明确双方权利和责任，坚持对签订合同的农户实行统一的收费标准、统一提供种子、统一作业、统一核算，统一进行技术指导，农机作业服务涵盖了土地耕翻、整地、育秧、插秧、植保、机收等生产全过程。

2009年，合作社同近5000户农户签订了农机作业合同，服务面积达1.15万亩。2010年，服务面积增加到2万亩以上，作业范围涉及十几个行政村，每年作业收入三四百万元，社员每年每股分红2.8万元。

在实现农机作业服务等传统意义上农机合作社的各项功能以外，合作社还将业务向产业链的上游延伸。至2010年，合作社流转土地2000多亩，用于种植水稻，并引进了一条年产量1万吨的精米加工流水生产线，将土地流转经营与农产品初加工结合起来，合作社自己打造的大米品牌成功推向市场，当年创收 380 多万元。

　　经过几年的努力，合作社拥有各种农业机械 159 台套，其中，中型拖拉机 7 台，手扶拖拉机 22 台，水稻插秧机 48 台，各种配套农具 38 台套，高性能喷雾机 18 台，半喂入联合收割机 11 台，各类农业机械总值达 375 万元，已经成为当地规模最大，发展最迅速的几家合作社之一。

主要参考书目

1. 陈锡文、赵阳、陈剑波、罗丹等著《中国农村制度变迁60年》
2. 朱启臻著《农业社会学》
3. 范晓春著《改革开放前的包产到户》
4. 陈东林著《"三年自然灾害"与"大跃进"——"天灾"、"人祸"关系的计量历史考察》
5. 萧放著《岁时——传统中国民众的时间生活》
6. 周晓虹著《传统与变迁》
7. 李亦园、杨国枢著《中国人的性格》
8. 费孝通著《乡土中国》
9. 释然著《文化与乡村社会变迁》
10. 黎鸣著《中国人性分析报告》
11. 贾蕊、陆迁、何学松著《我国农业污染现状、原因及对策研究》
12. 刘福海、朱启臻著《中国农村土地制度研究》

13. 张晓山著《中国农村土地制度的回顾与展望》

14. 农业部课题组著《新时期农村发展战略研究》

15. 中国农村发展问题研究组著《国民经济新成长阶段与农村发展》

16. 李德水著《关于如何建设社会主义新农村的粗浅思路（专题材料）》

17. 关锐捷著《消除城乡国民待遇差异构建和谐社会》

18. 张英洪著《中国农会的历史考察》

19. 张德瑞著《论新农村建设与我国农民维权组织农会的构建》

20. 鲁嘉宾著《大饥荒期间"信阳事件"的前因后果》

21. 张树藩著《"信阳事件"——一个地委副书记的回忆》

22. 周日礼著《回顾安徽农村的改革》

23. "当代中国农业合作化"编辑室编《建国以来农业合作化史料汇编》等

后 记

　　1942 年我出生在河南省林县（现为林州市）一个贫寒家庭。林县是老解放区，属太行山区，十年九旱，自然条件较差。这里土地改革进行得比较早，当时农民斗地主、分田地和得到土地后欢欣鼓舞的场景至今仍然在我脑海里萦绕。那时候我家的 5 亩多地，种小麦、玉米、蔬菜，还种过烟叶，凭自己的辛勤耕作，日子过得还算平和。儿时的我就跟着父母到田间帮他们干一些浇水、下种、除草等简单的农活。

　　1953 年，村里搞起了农业合作社，部分农户入了社。开始入社的主要是些贫困户，后来一些富裕户、殷实户也入了社，合作社在农村红红火火地发展起来。在当时的政治环境条件下，先入社的都被认为是先进的积极分子。我父亲思想保守，没有赶在前面入社，直到 1954 年秋后，受大势所趋，我家才加入了合作社。

　　1959 年，我离开家乡到省会郑州纺织机械学院读书，两年后参军，此后辗转多个省市，开始了我的军旅生涯。在近50年的时间里，我虽身在军营，但与农村、农民的接触从未间断。在部队时接触的一批批官兵，几乎都是农家子弟；部队每年外出野营训练住在农家，生活在农村，参加助民劳动；特别是1964年全国在农村开展"四清"运动，我参加河南安阳"四清"工作团，被分到安阳北郊的红河屯"四清"工作队，在八个月的时间里与农民同吃同住同劳动，与他们建立了浓厚的感情。加之少年时亲历农村生活的艰辛和父辈对土地的深深眷恋早已融入血脉，使得我对农业、农民的那份情结始终挥之不去。

2007年，我因达最高服役年龄，到全国人大任常委会委员、农业与农村委员会副主任委员后，有时间和机会深入各地农村，近距离地接触农业，更加深了我对农业的认识和了解。

没有调查研究就没有发言权，这是历史经验反复证明的真理。进行周密细致的调查研究，永远是我们的成事之基、谋事之道，永远是做好工作和制定决策的法宝。在农委工作的四年多时间里，我一直在思考，国际化大市场条件下我国的农业究竟应该如何发展？为此，我先后到山东、河北、四川、重庆等十多个省区的二十多个市县调研，尤其注重了解各地农业合作经济组织情况，通过现场考察、座谈讨论、个别访谈等多种形式，掌握了不同形式的专业合作社运行情况，听到了广大人民群众要求发展农业合作经济的呼声和愿望，也就有了《第三个春天——中国农业的合作之路》这本书的成稿。

纵观我国农业发展的历史不难看出，生产力发展水平必须与生产关系相适应，超越和滞后生产力水平，都会直接影响农业的发展，有时停滞不前，甚至出现倒退。

今天，关于50年代合作化和后来的家庭联产承包责任制的评论随处可见，对于它们的是非功过，全盘否定的有之，全盘肯定的也有。在我看来，无论任何一件事物，都要放到当时的大环境中去研究和认识，只有这样才能还原事物的本来面目。家庭联产承包责任制在改革开放初期，对于促进农业发展，提高农民收入确实起到了重大作用，这是任何人都不能抹杀的事实，但随着生产力的发展，一家一户家庭经营的生产方式已经与现代农业的发展不相适应，必须加以调整；合作化这种形式在改革开放前确实束缚了农业的发展，但随着生产力水平的提高，这种生产关系已经成为今后一个时期我国农业发展的方向。也许在不久的将来，随着科技的发展，社会的进步，现行的合作组织又会被一种新的生产形式所替代也不得而知。所以，无论到什么时候，都不能抱着教条主义的理念不放，死守着一种方法一劳永逸地解决问题，这不符合事物的发展规律。

毛泽东同志在《论联合政府》中有一段论述："共产党人必须随时准备坚持真理，因为任何真理都是符合人民利益的；共产党人必须随时准备修正错误，因为任何错误都是不符合人民利益的。二十四年的经验告诉我们，凡属正确的任务、政策和工作作风，都是和当时当地的群众要求相适合的，都是联系群众的；凡属错误的任务、政策和工作作风，都是和当时当地的群众要求不相适合，都是脱离群众的。"因此，无论何时，我们都要坚持实事求是的思想作风，从实际出发，深入分析出现的新情况、新问题，适时调整工作思路和方法，这才是我们解决问题的唯一出路。

目前，农业合作经济组织的发展在我国尚处于起步阶段，还有许多亟须研究解决的理论和现实问题，比如，如何完善土地管理制度，使农民的权益得到充分保障；如何创新合作经济组织的模式，使之更加适应我国农业发展的实际，等等。但我们应该看到，合作经济组织的发展已经给我国的农业带来了希望，为我国的农民带来了实惠。当前，中国的发展正处在重大的历史变革期，这是任何人都不能不去正视的现实。这种发展变革，没有现成的经验可以借鉴，要求我们必须重新学习、重新认识、深入探索。

《第三个春天——中国农业的合作之路》是我对中国农业发展的一些粗浅认识，是否正确还有待于在今后的工作实践中加以检验。由于本人学识有限，书中肯定有很多不妥处，敬请读者和专家批评指正。本书在编写过程中得到了全国人大农业与农村委员会王云龙主任、人民出版社黄书元社长、陈鹏鸣主任的大力支持，我的秘书金晓烽同志从整体设计到政策把握、最后整理成文作了大量的工作，在此表示衷心的感谢！

作 者
2011 年 8 月

责任编辑:虞　晖　陈鹏鸣

图书在版编目(CIP)数据

第三个春天——中国农业的合作之路/李乾元 著.
-北京:人民出版社,2011.11
ISBN 978-7-01-010366-2

Ⅰ.①第…　Ⅱ.①李…　Ⅲ.①农村合作经济-研究-中国
　Ⅳ.①F325.12

中国版本图书馆 CIP 数据核字(2011)第 215951 号

第三个春天
DISANGE CHUNTIAN

——中国农业的合作之路

李乾元　著

人民出版社 出版发行
(100706 北京朝阳门内大街 166 号)

北京市文林印务有限公司印刷　新华书店经销

2011 年 11 月第 1 版　2011 年 11 月北京第 1 次印刷
开本:710 毫米×1000 毫米 1/16　印张:12
字数:120 千字

ISBN 978-7-01-010366-2　定价:26.00 元

邮购地址 100706　北京朝阳门内大街 166 号
人民东方图书销售中心　电话 (010)65250042　65289539